**Kauderwelsch**
**Band 156**

Restaurant in Brügge

# Impressum

Elfi H. M. Gilissen
**Flämisch – Wort für Wort**
erschienen im
REISE KNOW-HOW Verlag Peter Rump GmbH
Osnabrücker Str. 79, D-33649 Bielefeld
info@reise-know-how. de


4. neu bearbeitete Auflage 2016


*Layout* Elfi H. M. Gilissen
*Layout-Konzept* Günter Pawlak, FaktorZwo! Bielefeld
*Umschlag* Peter Rump (Titelfoto: Autorin)
*Kartografie* Iain Macneish
*Fotos* Autorin; Andrew Tokmakoff (S. 1, 8, 37, 41, 51, 160)
*Druck und Bindung* Werbedruck GmbH Horst Schreckhase, Spangenberg

**ISBN 978-3-8317-6497-6**
Printed in Germany

Die Internetseiten mit Aussprachebeispielen und der Zugriff auf diese über QR-Codes sind eine freiwillige, kostenlose Zusatzleistung des Verlages. Der Verlag behält sich vor, die Bereitstellung des Angebotes und die Möglichkeit der Nutzung zeitlich und inhaltlich zu beschränken. Der Verlag übernimmt keine Garantie für das Funktionieren der Seiten und keine Haftung für Schäden, die aus dem Gebrauch der Seiten resultieren. Es besteht ferner kein Anspruch auf eine unbefristete Bereitstellung der Seiten.

Der Verlag möchte die **Reihe Kauderwelsch** weiter ausbauen und **sucht Autoren!** Mehr Informationen finden Sie unter ***www.reise-know-how.de/verlag/mitarbeit***

Kauderwelsch

Elfi H. M. Gilissen

# Flämisch

*Wort für Wort*

Voor mijn oma
Rachel Vanhollebeke-Vanmarcke
en de ganse Vlaamse familie!

## Kauderwelsch heißt:

- Schnell mit dem **Sprechen** beginnen, auch wenn nicht immer alles korrekt ist.
- Von der **Grammatik** wird nur das Wichtigste in einfachen Worten erklärt.
- Alle Beispielsätze werden doppelt ins Deutsche übertragen: erst **Wort-für-Wort,** dann in normales Deutsch. Die Wort-für-Wort-Übersetzung hilft, die neue Sprache schneller zu durchschauen, außerdem lassen sich dadurch leichter einzelne Wörter im fremdsprachigen Satz austauschen.
- Es geht um die **Alltagssprache,** also das, was man tatsächlich auf der Straße hört.
- Die **Autoren** sind entweder Reisende, die die Sprache im Land selbst gelernt haben oder Muttersprachler.

**Kauderwelsch-Sprachführer** sind keine Lehrbücher, aber viel mehr als traditionelle Reisesprachführer. Wer ein wenig Zeit investiert, einige Vokabeln lernt und die Sprache im Land anwendet, wird **Türen öffnen,** ein Lächeln ins Gesicht zaubern und reichere Erfahrungen machen.

## Talk to each other!

## Kauderwelsch zum Anhören

Einzelne Sätze und Ausdrücke aus diesem Buch können Sie sich **kostenlos anhören.** Diese **Aussprachebeispiele** erreichen Sie über die im Buch abgedruckten QR-Codes oder diese Adresse: www.reise-know-how.de/kauderwelsch/156

Die Aussprachebeispiele im Buch sind Auszüge aus dem umfassenden Tonmaterial, das unter dem Titel **„Kauderwelsch Aussprachetrainer Flämisch"** separat als Download über Onlinehörbuchshops (ISBN 978-3-95852-035-6) erhältlich ist. Diese Version erhalten Sie auch über unsere Internetseite:

- **www.reise-know-how.de**

Alle Sätze, die Sie auf dem Aussprachetrainer hören können, sind in diesem Buch mit einem 👂 gekennzeichnet.

# Inhalt

## Anhang

Rathaus in Brüssel

# Vorwort

Was spricht man denn in Belgien – Belgisch? Das gibt's natürlich nicht. Das junge Belgien ist 3-sprachig mit Niederländisch, Französisch und einem klein bisschen Deutsch. Wo man was spricht, ist klar in 5 flämische und 5 wallonische Provinzen aufgeteilt, aber es verschlägt doch immer wieder manch einen Flamen in wallonisches Gebiet und umgekehrt. In Brüssel ist sowieso beides vermischt.

Mit diesem Kauderwelsch-Band möchte ich Sie das schöne Flandern voller mittelalterlicher Architektur und Kunst hautnah erleben lassen. Ich möchte Ihren Gaumen stimulieren mit belgischen Pommes frites, Klosterbieren, Schikoree, Miesmuscheln und Tartar. Genießen Sie das Flair eines Strandurlaubs oder erleben Sie das Großstadtleben in den Metropolen.

So richtig klappt das alles nur, wenn Sie Flamen kennen lernen und das geht nur, wenn Sie einen Flamen in seiner Alltagssprache ansprechen, dem flämischen Niederländisch. Kultur lebt nun einmal durch Menschen und deren Sprache, deren Gesten – eben all den Ausdrucksmitteln, derer sie sich bedienen. Tauchen Sie ein in das sanfte, zurückgezogene Land und schwelgen Sie auf Flämisch!

*Elfi H. M. Gilissen*

P. S.: Bedanken möchte ich mich herzlich bei Charles Vanderhaegen für die wertvollen Grammatiktipps, bei Katrien de Gusseme für die vielen Anregungen und Korrekturen, sowie bei meiner zahlreichen flämischen Familie für das engagierte Beantworten meiner Fragen. Ein besonderer Dank gilt auch meinen Eltern fürs Korrektur lesen und meinem Cousin Karel Cauwenberghs für das Besprechen der Kassette passend zum Buch!

## Hinweise zur Benutzung

Dieser Kauderwelsch-Band besteht ganz klassisch aus drei wichtigen Teilen: Grammatik, Konversation und Vokabeln.

In der Grammatik erfahren Sie, wie man einen flämischen Satz aus den einzelnen Bausteinen leicht zusammensetzt. Dabei verzichte ich so weit möglich auf grammatikalische Klassifizierungen, sondern versuche anhand aus dem Reisealltag gegriffener Beispiele den flämischen Satz zu erläutern. Dabei gehe ich von der offiziellen, in der Schule und den Medien verwendeten hochniederländischen Grammatik und Schreibweise aus – Algemeen Nederlands, kurz AN genannt – und habe diese dem tatsächlichen Sprachgebrauch der Flamen angepasst. Richtig und falsch gibt es hier nicht. Es geht nur darum möglichst authentisch zu kommunizieren!

**Seitenzahlen**
*Um Ihnen den Umgang mit den Zahlen zu erleichtern, wird auf jeder Seite die Seitenzahl auch in Niederländisch mit flämischer Lautschrift angegeben!*

Die Wort-für-Wort-Übersetzung in *kursiver Schrift* hilft Ihnen auch ohne die Grammatikkapitel einen Einblick in die flämische Satzstruktur zu bekommen:

**Wie zou de wijn proeven?**
wie sau de wäen pruve(n)
*wer würde der Wein schmecken*
Wer probiert den Wein?

Die tatsächliche alltägliche Aussprache ist sehr verschieden vom Niederländischen. Daher ist die Lautschrift in blauer Schrift essentiell zum Erlernen der flämischen Aussprache. Dabei habe ich versucht die gängigste Aussprachevariante zu treffen, wie sie von Sprechern aller Dialekte leicht abgewandelt gesprochen wird.

In der Konversation habe ich alltägliche Reisesituationen für Sie zusammengestellt, in denen Sie Ihre ersten „Gehversuche“ im Flämischen machen können. Dazu stelle ich Ihnen viele nützliche Sätze zusammen, sowie kleine Wörterlisten, mit denen Sie Wörter im Satz einfach Ihren Bedürfnissen entsprechend ersetzen können. Dabei biete ich Ihnen auch immer nützliche Hintergrundinformationen, die Ihnen helfen werden, die Kultur der Flamen besser zu verstehen und sich schlichtweg zurecht zu finden.

Am Ende des Buches finden Sie außerdem eine Wortliste Deutsch – Flämisch und Flämisch – Deutsch mit je ca. 1000 Wörtern.

## Belgien und seine Sprachen

Belgien war Teil der vereinigten burgundischen Herzogtümer und Grafschaften, in denen man Niederländisch und Französisch sprach. Diese 17 niederländischen Provinzen standen unter der Vogtei von Margarete von Parma, der Halbschwester des burgundischen Philipp II., König von Spanien.

*Nach der Zweiteilung der Niederlande wurden die niederländischen Dialekte, die man im „belgischen" Gebiet sprach, zur Sprache der einfachen Leute, Bauern und Arbeiter, denn die protestantische Elite – Kaufleute, Juristen, Handwerker und Gelehrte – hatte das Land verlassen. Die neue Elite sprach Französisch, welches europaweit ohnehin en vogue war.*

Schnell lehnten sich die Niederländer gegen die unliebsamen spanisch-burgundischen Herrscher auf. Dennoch fiel Antwerpen im Laufe des 80-jährigen Krieges im Jahre 1585 den Spaniern zu. Damit war die Grenzlinie gezogen zwischen dem katholischen, spanisch regierten Süden und dem reformistisch-calvinistischen Norden.

Mit der Verfolgung der Protestanten durch den Statthalter der Spanischen Niederlande, Herzog Alba, setzte eine Flucht der Oberschicht nach Amsterdam ein, die sich dort verstärkt für die Teilung der Niederlande einsetzte. 1648 errangen die Nördlichen Niederlande die Unabhängigkeit und wurden das, was wir heute als die Niederlande kennen. Die Südlichen Niederlande jedoch blieben unter spanischer Herrschaft und entsprechen in etwa dem heutigen Belgien.

Mit der Annexion der Südlichen Niederlande durch die Franzosen in 1794 verstärkte sich der Einfluss des Französischen. Zumindest bis Napoleon die berühmte Schlacht von

Waterloo (südlich von Brüssel) verlor und die Südlichen und Nördlichen Niederlande auf dem Wiener Kongress 1815 wieder zum „Vereinigten Königreich der Niederlande" unter der Regentschaft von Wilhelm I. von Oranien geeint wurden. Das war aber nicht so ganz im Sinne der „Südniederländer". Also gab es eine „Umwälzung", bis die „Südniederländer" auf der Londoner Konferenz 1831 schließlich die Unabhängigkeit errangen. Belgien ward geboren! – Eine konstitutionelle Monarchie unter ihrem ersten Regenten Leopold I. von Sachsen-Coburg.

*Nach der „Wiedervereinigung" wurde Niederländisch zur einzigen Amtssprache erklärt – und das, obwohl ein Teil der Bevölkerung nur Französisch sprach – die Wallonen – und darüber hinaus auch die Oberschicht.*

Die niederländischsprachige Bevölkerung, die sich schon nicht mit dem calvinistischen „nördlichen Niederländisch" identifizieren konnte, war ebenso gegen die Vorherrschaft des Französischen als Staatssprache. Neue flämischsprachige Literatur entstand und spiegelte das Erwachen einer neuen flämischen Identität wider, die Ihren Höhepunkt 1898 in der Gleichstellung der flämischen und französischen Sprache fand.

Doch der Sprachenstreit geht immer noch weiter. Jüngste Errungenschaft im Identitätskampf der Flamen war die Staatsrestrukturierung in 1993 in einen Federale Staat mit der Aufteilung in drei Regionen: Vlaamse Gewest, Brussels Hoofdstedelijk Gewest und Waalse Gewest, sowie drei Gemeinschaften: de Vlaamse Gemeenschap, de Franse Gemeenschap, de Duitstalige Gemeenschap. Damit wurden die Grenzen für jede Landessprache deutlich festgelegt.

# Karte des Sprachgebietes

| Provinz | Flämisch | Französisch | Deutsch |
|---|---|---|---|
| Brugge | Brugge | Bruges | Brügge |
| Gent | Gent | Gand | Gent |
| Antwerpen | Antwerpen | Anvers | Antwerpen |
| Vlaams & Waals Brabant | Brussel | Bruxelles | Brüssel |
| Limburg | Hasselt | Hasselt | Hasselt |
| Hainaut | Mons | Mons | Mons |
| Namur | Namen | Namur | Namen |
| Luxemburg | Arlon | Arlon | Arlon |
| Liège | Luik | Liège | Lüttich |

# Flämisch oder Niederländisch?

In Flandern – früher der Name einer Grafschaft, heute die nördliche Verwaltungseinheit in Belgien – spricht man Niederländisch, oder genauer gesagt mehrere niederländische Dialekte: Westvlaams, Oostvlaams, Brussels, Brabants ... Die belgische Regierung hat 1980 die Hochsprache des Nachbarn Niederlande (AN = Algemeen Nederlands) auch zur Hochsprache Belgiens erklärt, d. h. sie wird in den Medien verwendet und an den Schulen gelehrt. Problematisch ist dabei nur, dass man in Belgien viele andere Wörter und Wendungen verwendet und sie vor allem anders ausspricht als im AN. In der Schriftsprache sehen Sie allerdings offiziell nur die niederländische Hochsprache und das stiftet auch bei Belgiern Verwirrung. Wie unterscheidet sich nun das Flämische vom Hochniederländischen?

*Achtung! In diesem Band wird nicht auf die Limburgische Aussprache eingegegangen, die sich sowohl deutlich von Hochniederländisch als auch von den verschiedenen flämischen Dialekten unterscheidet!*

## (Anti)französischer Touch

Es werden im Flämischen viel mehr Wörter französischen Ursprungs verwendet.

| Nederlands | Vlaams | Duits |
|---|---|---|
| **banketbakkerij** | **patisserie** | Bäcker |
| **verwarming** | **chauffage** | Heizung |
| **autoweg** | **autostrade** | Autobahn |
| **dieet** | **regime*** | Diät |
| **koelkast** | **frigo** | Kühlschrank |

## Flämisch oder Niederländisch?

Weil das Flämische gegen die Vorherrschaft des Französischen ankämpft, gibt es auch viele Beispiele dafür, dass in den Niederlanden das französische Wort bevorzugt wird, in Belgien jedoch das niederländische.

| Nederlands | Vlaams | Duits |
|---|---|---|
| **fauteuil** | **zetel** | Sessel |
| **centrifuge** | **droogzwierder** | Trockner |
| **aquaplaning*** | **watergladheid** | Aquaplaning |
| **jus d'orange** | **appelsiensap*** | Orangensaft |
| **rotonde** | **rondpunt*** | Verkehrskreisel |

### Andere Unterschiede

*Sind bei Wortlisten in diesem Buch zwei Alternativen angegeben, ist das zweitgenannte Wort oft eine hochniederländische Variante, welche sich im alltäglichen Sprachgebrauch bei (vor allem jüngeren) Flamen etabliert hat oder immer in der Schriftsprache verwendet wird.*

Flämische Begriffe können manchmal näher an der deutschen Entsprechung sein als das niederländische Wort.

| Nederlands | Vlaams | Duits |
|---|---|---|
| **dadelijk** | **seffens** | sofort |
| **flesopener** | **aftrekker** | Flaschenöffner |
| **ham** | **hesp** | Schinken |
| **fooi** | **drinkgeld*** | Trinkgeld |
| **jurk** | **kleed*** | Kleid |
| **ongeluk*** | **ongeval*** | Unfall |

### Bedeutungsunterschiede

Es gibt auch immer wieder Verwirrung zwischen Niederländern und Flamen, weil dasselbe Wort in beiden Ländern schon mal ganz unterschiedliche Bedeutungen hat.

| | Nederlands | Vlaams |
|---|---|---|
| **eng** | beängstigend | eng, schmal |
| **hof** | Hof des Königs | Garten |
| **neuken** | ficken | streiten |
| **poepen** | scheißen | ficken |
| **schoon** | sauber | schön |

## Ausspracheunterschiede

Die Betonung des Flämischen unterscheidet sich ab und an auch vom Niederländischen. Im Gegensatz zu den Niederländern „verniederländischen" die Flamen englische Lehnwörter, statt sie Englisch auszusprechen.

*Wie viele Vokabularunterschiede es genau gibt, weiß keiner. Die häufigste Angabe nennt mehrere 1000 unterschiedliche Vokabeln.*

| | NL | VL | |
|---|---|---|---|
| **achttien** | achtien | achtien | achtzehn |
| **match** | mätsch | matsch | Match/Spiel |
| **site** | ßeit | ßiete | Site |
| **dossier*** | doßjee | doßier | Dossier |

Schließlich gibt es auch noch feine grammatikalische Unterschiede, die zu erklären den Rahmen dieses Büchleins sprengt, die aber selbstverständlich in den Beispielsätzen des Buches Anwendung finden.

**Ik zou iedere week willen naar België gaan.** *Flämisch*
*ich würde jede Woche wollen nach Belgien gehen*
***Ik zou iedere week naar België willen gaan.*** *Niederländisch*
*ich würde jede Woche nach Belgien wollen gehen*
Ich würde gern jede Woche nach Belgien fahren!

# Aussprache & Betonung

*Mit FRZ sind in der Ausspracheabelle die Ausspracheaarten für französischstämmige Wörter markiert.*

Das Flämische ist in der Aussprache sehr unterschiedlich vom Niederländischen. Aber es ist nicht nur ein Dialekt, sondern mehrere. Es kann daher nicht jede Aussprachevariante gezeigt werden. Die von mir gewählte Lautschrift versucht den flämischen Grundton widerzuspiegeln, den alle regional unterschiedlichen Dialekte gemein haben, so dass Sie möglichst viel verstehen, egal ob Sie einen Westvlaming, Oostvlaamse, Bruggeling oder einen Antwerpenaar vor sich haben. Im Folgenden werden nur die Laute erklärt, die sich vom Deutschen unterscheiden:

## Selbstlaute/Vokale

| Beispiel | | | |
|---|---|---|---|
| wat wat *was* | **a** | a | „a“ wie in „Masse“; |
| laten laate(n) *lassen* | | aa | lang wie in „Vater“; oder oa |
| gaat chaat *geht* | **aa** | aa | lang wie in „Vater“; oder oa |
| amai aamai *Herrje* | **ai** | ai | wie in „Mai“; |
| populair popülär *beliebt* | | ä | langes „ä“ wie in „Ähre“ (FRZ) |
| gauw chauw *bald* | **au** | au | wie in „August“; |
| chauffage schofash *Heizung* | | o | wie in „Restaurant“ (FRZ) |
| met mät *mit* | **e** | ä | „ä“-Laut wie in „modern“; |
| ge che *du* | | e | unbetontes „e“ wie in „bitte“; |
| delen deele(n) *teilen* | | ee(j) | wie in „Meer“, vor s und n auch mit auslautendem „j“-Klang |
| feest feeßt *Fest* | **ee** | ee(j) | wie in „Meer“, vor s und n auch mit auslautendem „j“-Klang |

| **ë** | e | unbetontes „e" wie in „bitte" | mogen moeche(n) *dürfen* |
|---|---|---|---|
| **é** | ee | wie in „Café" (FRZ) | congé kõnshee *freier Tag* |
| **ei** | äe | wie in „Märchen" | eigen äeche(n) *eigen* |
| **en** | õ | durch die Nase gesummtes „o", das „n" wird nur angedeutet (FRZ) | enfin õnfã *also* |
| **eu** | ö | längeres „ö" wie in „Möhre" | deur dör *Tür* |
| **i(e)** | i(e) | zwischen „i" und „ie"; | ik ik *ich* |
| | j | nach Selbstlauten (oei, ooi) als „j" | hooi hooj *Heu* |
| **ij** | äe | lang wie in „Märchen"; | zijn säen *sein* |
| | e | in der Endung -lijk -lek sprechen | eerlijk eerlek *ehrlich* |
| **in** | ã | durch die Nase gesummtes „ä", das „n" wird nur angedeutet (FRZ) | enfin õnfã *also* |
| **o** | o | kurzes „o" wie in „Sonne"; | zon son *Sonne* |
| | ue | längeres „u" wie in „Kuh"; | zo sue *so* |
| | e | stummes „e" wie in „bitte" | avond aavend *Abend* |
| **oe** | u | kurz wie in „Mumm" | boer bur *Bauer* |
| **oi** | wa | wie in „Waffel" (FRZ) | coiffeur kwaför *Frisör* |
| **on** | õ | durch die Nase gesummtes „o", das „n" wird nur angedeutet (FRZ) | garçon garßõ *Kellner* |
| **oo** | oe | wie „o" und „e" schnell nacheinander gesprochen, kein ö! | boot boet *Boot* |
| **ou** | au | wie in „Haus"; | koud kaud *kalt* |
| | u | wie in „Kuh" (FRZ) | route rute *Route* |
| **u** | ü | kurz wie in „dünn"; | dun dün *dünn* |
| | üü | lang wie in „rührend"; | muren müüre(n) *Mauern* |
| | - | nach ee oder ie wird es einfach nicht gesprochen | nieuw niew *neu* |
| **ui** | öe | wie „ö" in „öffnen" und „e" schnell nacheinander gesprochen | buiten böete *draußen* |
| **uu** | üü | lang wie in „rührend"; | natuur natüür *Natur* |
| | öh | je stärker der Dialekt, klingt es wie ein langes „ö" in „Möhre" | vuur vöhr *Herd* |
| **y** | ie | wie in „Bier" (FRZ) | stylo ßtielo *Kuli* |

# Aussprache & Betonung

## Mitlaute/Konsonanten

| Beispiel | | | |
|---|---|---|---|
| merci märßie *danke* | **c** | ß | vor e, i, y wie in „Gasse“; |
| dialect dialäkt *Dialekt* | | k | sonst wie in „Kanne“ |
| officieel ofießjeel *offiziell* | **ci** | ßj | erst ein „ß“, dann ein „j“ |
| garçon garßõ *Kellner* | **ç** | ß | wie in „Gasse“ (FRZ) |
| echt ächt *echt* | **ch** | ch | wie in „echt“ ; |
| charme scharme *Charme* | | sch | wie in „Schule“ (FRZ) |
| modern modärn *modern* | **d** | d | wie in „Mond“; |
| goed chu(d) *gut* | | – | am Wortende entfällt es oft |
| graag chraach *gern* | **g** | ch | sanftes „ch“ wie in „manch“; |
| passage paßaashe *Passage* | | sh | „sch“ wie in „Garage“ (FRZ); |
| garçon garßõ *Kellner* | | g | selten wie in „Gabel“ (FRZ) |
| hebben äben *haben* | **h** | – | wird nicht ausgesprochen; |
| hé hee *'he?!* | | h | nur am Satzanfang sprechen, wenn es sonst keinen Mitlaut gibt |
| jaar jaar *Jahr* | **j** | j | wie in „Jahr“; |
| job dshob *Job* | | dsh | bei englischen Worten; |
| pintje pientshe *Glas Bier* | | sh | besonders nach einem „t“ |
| drie drie *drei* | **r** | r | immer ein sanft gerolltes „r“ |
| positie posießie *Position* | **s** | s | scharfes „s“ wie in „Rose“ |
| ascenseur aßõnßör *Aufzug* | **s(c)** | ß | wie in „Gasse“ |
| schoon ßchoen *schön* | **sch** | ßch | erst „ß“, dann „ch“ (kein sch!); |
| schoon ßkoen *schön* | | ßk | bei stärkerem Dialekt |
| sjaal schaal *Schal* | **sj** | sch | wie in „Schule“ |
| hesp äßp *Schinken* | **sp** | ßp | erst „ß“, dann „p“ (kein schp!) |
| gisteren chießteren *gestern* | **st** | ßt | erst „ß“, dann „t“ (kein scht!) |
| cabaret kabarä *Kabarett* | **t** | t | wie in „tauchen“; |
| niet nie *nicht* | | – | am Wortende entfällt es meist; |
| nationaal naßjonal *national* | | ß | vor „i(e)“ |
| vers värß *frisch* | **v** | v | weniger scharf: fast wie ein „f“ |
| waar waar *wo* | **w** | w | geschlossen fast wie ein „u“ |
| zijn säen *sein* | **z** | s | scharfes „s“ wie in „Rose“ |

## Besonderheiten

Wörter, die auf „k" enden, werden mit nachfolgenden Worten, die mit einem Selbstlaut anfangen, verschmolzen:

**Dat wil ik ook eens doen.**
da wilekoekeenß dun
*das will ich auch einmal machen*
Das will ich auch mal machen.

Bei Worten die auf -t enden, verformt sich die Aussprache oft zu einem -de. Insbesondere wenn gij *du* oder een *eins* folgt:

**Wat een schoon gebouw*!**
waden schoen chebau
*was ein schön Gebäude*
Was für ein schönes Gebäude!

**Komt ge mee?**
komtche mee
*kommst du mit*
Kommst du mit?

Bei auf -en endenen Wörtern wird oft das -e- verschluckt. Je nach Gegend wird es jedoch ausgesprochen und stattdessen das -n verschluckt oder es verwandelt es sich in ein -m:

| | |
|---|---|
| **goedendag** | chudn dach |
| **wij komen wel** | wäe koeme wäl |
| **ik ga slapen** | ik chaa ßlaapm |

*Das flämische „g" wird von den Niederländern als „sanftes g" bezeichnet, weil es eben kein harter kehliger Laut ist! In Westflandern wird das „g" sogar so sanft, dass es verschwindet und nur noch ein „h", statt „ch" zu hören ist!*

*Nur kurz zur Schreibweise des Flämischen: alles wird klein geschreiben, außer Eigennamen, geografischen Namen und Sprachen.*

*Die betonte Silbe ist in der Lautschrift immer unterstrichen.*

# Wörter, die weiterhelfen

Schon an der ersten Raststätte, aber spätestens an Ihrem Urlaubsort brauchen Sie vielleicht ein paar Worte auf Flämisch, daher auf die Schnelle das Wichtigste:

**Pardon meneer/madame/juffrouw!**
pardon meneer/madam/jüfrau
*Entschuldigung Herr/Dame/Fräulein*
Entschuldigung!

**Waar is hier in de buurt een hotel*?**
waar iß ier in de büürt enotäl
*wo ist hier in die Nähe ein Hotel*
Wo ist hier in der Nähe ein Hotel?

| | | |
|---|---|---|
| dienßt van turißme | **dienst van tourisme** | Fremdenverkehrsamt |
| bank; bankontakt | **bank; bancontact** | Bank; Geldautomat |
| et ßäntrüm | **het centrum** | das Zentrum |
| twalät; weeßee | **toilet*; wc** | Toilette; WC |
| parkieng | **parking** | Parkplatz |
| bänsieneßtaßjon | **benzinestation*** | Tankstelle |
| (meetro)ßtaßjon | **(metro)station*** | Metrostation; Bahnhof |
| büßkot/tramalte | **buskot*/tramhalte** | Bus-/S-Bahnhaltestelle |
| jöchdärbärch | **jeugdherberg** | Jugendherberge |
| kamping | **camping** | Campingplatz |
| frietüür/frietkot | **frituur/frietkot*** | Pommesbude |
| räßtorant; kafee | **restaurant; café*** | Restaurant; Café |
| patießerie | **patisserie** | Konditorei/Bäcker |
| saak/winkel | **zaak/winkel** | Geschäft |
| räekßwacht; poließie | **rijkswacht; politie** | Polizei; Stadtpolizei |

**Weet ge dit adres* / diene straat zijn?**
weetche dit adräß / diene ßtraat säen
*weißt du dies Adresse / diese Straße sein*
Wissen Sie wo diese Adresse/Straße ist?

Damit Sie die Antwort auch verstehen, empfehle ich Ihnen einen Blick in die hintere Umschlagklappe, wo Sie die wichtigsten Richtungsangaben finden.

**Ik had graag een dubbelkamer met bad*.**
kad chraach en dübelkaamer mät bad
*ich hätte gern ein Doppelzimmer mit Bad*
Ich hätte gern ein Doppelzimmer mit Bad.

Die mit * markierten Wörter haben den Artikel het, alle anderen haben den Artikel de.

| **éénpersoonsbed*** | Einzelbett | eenperßoonßbäd |
|---|---|---|
| **onbijt*; diner*** | Frühstück; Abendessen | ontbäet; dienee |
| **kaart; menu*** | Speisekarte; Menü | kaart; menüü |
| **ietske te eten** | etwas zu Essen | ietßke te eete(n) |
| **wat kraanwater*** | etwas Leitungswasser | wa(t) kraanwaater |
| **fles spuitwater*** | Flasche Wasser (m. K.) | fläß ßpöetwaater |
| **glas plat water*** | Glas Wasser (o. K.) | chlaß plat waater |
| **tas koffie** | Tasse Kaffee | taß kofie |
| **kanneke thee** | Kanne Tee | kaneke tee |
| **ticket* naar ...** | Fahrkarte nach ... | tiekät naar |

| **Bedankt hé!** | bedankt ä | Danke 'ne?! |
|---|---|---|
| **Allez merci!** | alee märßie | Na dann, danke! |
| **Dank u wel!** | dankü wäl | Dankeschön! |
| **Daaaaaag!** | da-aach | Tschüss! |

# Ein, das & jenes Ding

*In der Schriftsprache wird een auch gerne zu 'n abgekürzt. Ebenso kennt man 't für het.*

Es gibt im Flämischen nur de und het. Wenn Sie einfach vom Deutschen ausgehen und alles, wo Sie ein „der" oder „die" verwenden, im Flämischen mit einem de versehen, und wo Sie „das" verwenden, ein het einsetzen, liegen Sie fast immer richtig! Der unbestimmte Artikel ist für alle een, außerdem verändern sich die Hauptwörter (Substantive) nur für die Mehrzahl.

## Mehrzahl

*Wenn das Hauptwort mit einem Selbstlaut anfängt, verändert sich de in der gesprochenen Spache fast immer zu den und een zu nen.*
de/een asbak
den/nen aßbak.

Die Mehrzahl wird meist durch Anhängen von -en gebildet.

| | |
|---|---|
| **een/de praline**<br>en/de pralien<br>eine/die Praline | **de pralinen**<br>de praliene(n)<br>die Pralinen |
| **een/het dorp***<br>en/et dorp<br>ein/das Dorf | **de dorpen**<br>de dorpe(n)<br>die Dörfer |

Sobald eine Endung an das Wort gehängt wird, wird der lange Selbstlaut (aa, ee, oo, uu) nur noch einfach (a, e, o, u) geschrieben – die Aussprache bleibt jedoch lang!

| | | |
|---|---|---|
| **de baan**<br>de baan | **de banen**<br>de baane(n) | Straße/-n |

Analog gilt, dass beim Wort ohne Endung der einfache Selbstlaut (a, e, o, u) immer kurz zu sprechen ist. Und wenn das auch beim Wort mit Endung so bleiben soll, wird der Mitlaut verdoppelt:

| | | |
|---|---|---|
| **de brug** | **de bruggen** | Brücke(n) |
| de brüch | de brüche(n) | |

Findet allerdings ein Lautwechsel statt von kurzem Selbstlaut nach langem, wird der Mitlaut entsprechend nicht verdoppelt und der Selbstlaut wird dann in der Mehrzahl lang ausgesprochen:

*Interessieren Sie sich für das korrekte Schreiben und Lesen, sollten Sie sich diese Lautänderungsregeln gut merken, denn sie kommen auch bei den Verben vor!*

| | | |
|---|---|---|
| **de weg** | **de wegen** | Weg(e) |
| de wäch | de weeche(n) | |

Solche und andere Unregelmäßigkeiten sind in der Wortliste am Buchende gekennzeichnet! Zu den regelmäßigen Lautänderungen gehört, dass in der Mehrzahl aus einem langen Selbstlaut (ui, ie, oe, ij, ei) +-s immer ein -zen wird und aus -f immer ein -ven.

| | | |
|---|---|---|
| **het huis*** | **de huizen** | Haus/Häuser |
| et öes | de öese(n) | |
| **de brief** | **de brieven** | Brief(e) |
| de brief | de brieve(n) | |

Die Mehrzahl mit -s wird verwendet, wenn ein mehrsilbiges Wort auf -el, -em, -en, -er, -erd, -eur, -on, -aar, -aard oder Selbstlaut endet:

| | | |
|---|---|---|
| **de wagen**<br>de waache(n) | **de wagens**<br>de waachenß | Wagen *(Mz)* |

Endet das Wort auf -a, -é, -ee, -eau, -i, -o, -u, -y wird zur Mehrzahlbildung ein -'s angehängt:

| | | |
|---|---|---|
| **het café***<br>et kafee | **de café's**<br>de kafeeß | Café(s), Kneipe(n) |

## Dies & jenes

Brabofontein, Grote Markt, Antwerpen

Hier muss man wie im Deutschen nah oder fern richtig zuordnen und dann je nach Geschlecht dit/dat oder diene/die verwenden:

| Artikel | | dies | | jenes | |
|---|---|---|---|---|---|
| **het** | et | **dit** | dit | **dat** | da |
| **de** | de | **diene/deze** | diene/deese | **die** | die |

**Diene camion is nogal traag, wé.**
diene kamjon iß nochal traach wä
*dieser LKW ist noch-schon langsam 'ne*
Mensch, ist der LKW da langsam.

**Waar is dat hotel*, alstublieft?**
waar iß dadotäl aßteblieft
*wo ist jenes Hotel bitte*
Wo ist das Hotel, bitte?

**Die 'n avond was echt tof.**
die naavnd waß ächt tof
*jener ein Abend war wirklich nett*
Jener Abend war wirklich nett.

## Solch

Wie im Deutschen kann man auch im Flämischen näher bestimmen mit zulk(e) und zo'n.

**Ik had ook graag zo'n plan*.**
kad oek chraach soen plan
*ich hätte auch gern so'ein Plan*
Ich hätte auch gern so einen Stadtplan.

**Hebt gij zulke 10-ritten kaartjes?**
äbtchäe sölke tien rite kaartjeß
*hast du solche 10-Fahrten Kärtchen*
Haben Sie solche Zehner-Fahrkarten?

## Verniedlichungsformen

Eine Zärtlichkeit im Umgang mit den Dingen wird im Flämischen viel häufiger ausgedrückt als mit dem deutschen „-chen"!
Dazu hängt man die Endung -ke an Wörter endend auf -f, -m, -p, -r, -s, -w, -el und kurze Selbstlaute. Dabei gilt für -f und -s wieder die Lautänderung: nach einem langen Selbstlaut (ui, ie, oe, ij, ei) wird aus -s ein -zeke und aus -f ein -veke. Ein -eke hängt man auch an Wörter endend auf -b, -l, -am, -om, -n. Und ein -ske hängt man an Wörter endend auf -g, -c, -k.

| | | | |
|---|---|---|---|
| **dorp*** | **dorpke** | dorpke | (kleines) Dorf |
| **brief** | **brieveke** | brieveke | (kleiner) Brief |
| **hotel*** | **hoteleke** | otäleke | (kleines) Hotel |
| **brug** | **brugske** | brüchßke | (kleine) Brücke |

*Mit der verniedlichenden Endung -ke oder -je gibt es auch viele feststehende Begriffe:*

bolleke* boleke
*Glas De Koninck Bier*
meiske* mäeßke
*Mädchen*
lijveke* läeveke
*Unterhemd*
kaartje* kaartshe
*Fahrkarte*
pintje* pientshe
*Glas Bier*

Dann gibt es auch noch Endungen wie im Hochniederländischen. -je hängt man an Wörter endend auf -d, -t; -tje hängt man an alle Wörter, die auf einen langen Selbstlaut enden:

| | | | |
|---|---|---|---|
| **ticket*** | **ticketje*** | tiekätshe | (kleines) Ticket |
| **koffie** | **koffietje*** | kofietshe | (kleiner) Kaffee |

Wichtig: Die Verniedlichungsformen enden auf -e und bekommen daher als Mehrzahlendung immer -s oder -'s und haben in der Einzahl immer den bestimmten Artikel het!!!

## Ich, mir oder mein?

*In der Wort-für-Wort-Übersetzung ist gij mit „du" übersetzt, im deutschen Satz jedoch mit „Sie", weil dies eher dem deutschen Sprachgebracuh entspricht.*

Die Flamen verwenden kein „Sie", sondern nur die neutrale Form gij/ge im 1. Fall und u im 3./4. Fall. Das Verwirrende ist, dass im Hochniederländischen das u sehr wohl als „Sie"-Form verwendet wird.

*Bei den Fürwörtern finden Sie in Klammern typische Aussprachevarianten der verschiedenen flämischen Dialektsprecher.*

### Wer?

| | | |
|---|---|---|
| **ik/'k** | ik/'k (äk) | ich |
| **gij/ge** | chäe/che (chic) | du, Sie |
| **hij** | äe (ie) | er |
| **zij** | säe (sie) | sie |
| **het/'t** | et/'t | es |
| **wij/we** | wä (miender/wölder) | wir |
| **gijle** | chäle (chüle/chölder) | ihr |
| **zij** | säe (sünder, sölder) | sie |

## Wen?/Wem?

| | | |
|---|---|---|
| **mij** | mä (mien) | mich, mir |
| **u** | ü | dich, dir |
| **hem** | äm | ihn, ihm |
| **haar** | äm (ör) | sie, ihr |
| **het/'t** | et/'t | es, ihm |
| **ons** | onß (ongß) | uns |
| **gijle** | chäele (chüle/chölder) | euch |
| **hen; ze** | hen (en); se | sie, ihnen |

*Die reflexiven Formen bildet man durch Anhängen von* -zelf sälf *„selbst", allerdings nimmt man für alle dritte Personen wie im Deutschen* zichzelf sichßälf *„sichselbst".*

hen verwendet man für Personen. ze gilt in der Regel für Sachen, aber auch für Personen, wenn kein Verhältniswort (Präposition) steht.

*Da nun seit Jahren Hochniederländisch als Standardsprache propagiert wird, sieht man* jij *(=du),* u *(=Sie, Ihnen),* uw *(=Ihr)* jullie *(=ihr),* jouw *(=dich/dir/dein) nun auch häufiger geschrieben, aber gebrauchen tun es die Wenigsten in Flandern!*

**Mag ik u iets vragen?**
mach ik üü ietß vraache(n)
*darf ich dich etwas fragen*
Kann ich Sie etwas fragen?

**Kunt ge mij misschien helpen?**
künt che mäe meßchien älpe(n)
*kannst du mir vielleicht helfen*
Können Sie mir vielleicht helfen?

Schließlich gibt es auch noch das Wörtchen elkaar elkaar und mekaar mekaar:

**Wij zullen mekaar wel terug zien.**
wäe süle mekaar wäl trüch sien
*wir werden einander wohl zurück sehen*
Wir werden uns doch wiedersehen.

## Wessen?

Hat man keine Lust mehr auf neue Formen, kombiniert man van + „wen/wem"-Form.

**Dat is van mij.**
daß van mäe
*das ist von mir*
Es gehört mir.

*Um auf die Frage nach „wessen" ganz neutral mit „dessen" zu antworten, gebraucht man im Flämischen* wiens? - diens!

*Bei Wörtern mit dem Artikel* het *gilt für „unser" das Fürwort* ons.

Oder man nimmt doch das passende besitzanzeigende Fürwort (Possessivpronomen):

| | | |
|---|---|---|
| **mijn** | mäen (mien) | mein |
| **uw(en)** | üü/üüwen | dein |
| **zijn** | säen (sien) | sein |
| **haar** | haar (ör/er) | ihr |
| **ons/onze** | on(g)ß/on(g)se | unser |
| **gijle** | chäele (chüle/chölder) | euer |
| **hun** | üüle (ünder/ölder) | ihr |

**Onze trein vertrekt om vier uur.**
onsen träen verträkt om vier üür
*unser Zug abfährt um vier Uhr*
Unser Zug geht um 4 Uhr.

**Tot hoe laat blijft uw hotel* open?**
tot ulaat bläeft üü otäl oepe(n)
*bis wie spät bleibt dein Hotel offen*
Bis wann ist Ihr Hotel abends geöffnet?

Oder man sagt „meins, deins, ...": de mijne / den uwe / de zijne / de hare / den onze / de hunne:

**Dit is mijn ticket*, maar waar is den uwe?**
dit iß mäen tiekät maar waar iß denüüwe
*das ist mein Ticket aber wo ist das deine*
Das ist mein Ticket, aber wo ist Ihres?

*Ist die Mehrzahl gemeint, hängt man ein -n an.*

**De groeten aan den uwen.**
de chruten aan denüüwen
*die Grüße an die deinen*
Grüßen Sie Ihre Familie.

## Schön, schöner, am schönsten

Zur Bildung der 1. Steigerungsstufe hängt man -(d)er einfach an das Eigenschaftswort (Adjektiv). Dabei wird das d eingeschoben, endet das Wort auf -r. Für die 2. Steigerungsstufe hängt man ein -ste an oder nur ein -t, wenn das Wort auf -s oder -isch endet:

| | | | |
|---|---|---|---|
| **groot** | **groter** | **grootste** | groß |
| chroot | chroeter | chroetßte | |
| **ver** | **verder** | **verste** | weit (weg) |
| vär | värder | värßte | |
| **vers** | **verser** | **verst** | frisch |
| värß | värßer | värßt | |

*Man kann ein Wort noch mehr steigern, indem vor die 2. Steigerungsstufe ein* aller- *gestellt wird:* allergrootste alerchroetßte *allerschönste.*

**De oudste stad van België is Tongeren.**
de audßte ßtad van bälchie-e iß tongere(n)
*die älteste Stadt von Belgien ist Tongeren*
Die älteste Stadt Belgiens ist Tongeren.

# Schön, schöner, am schönsten

Es gibt einige unregelmäßige Eigenschaftswörter. Diese sind in der Wortliste am Buchende gekennzeichnet. Die Wichtigsten:

*Wörter endend auf* -s, -isch, -st, -sd *können die 2. Steigerungsstufe auch durch Voranstellen von* meest *bilden:* meest vers meeßt värß

| | | | |
|---|---|---|---|
| **goed**<br>chud | **beter**<br>beeter | **beste**<br>bäßte | gut |
| **veel**<br>veel | **meer**<br>meer | **meest**<br>meest | viel |
| **weinig**<br>wäenich | **minder**<br>minder | **minst**<br>minßt | wenig |
| **graag**<br>chraach | **liever**<br>liever | **liefst**<br>liefßt | gern |

Endet ein Wort auf -en wird immer mit meer und meest gesteigert:

| | | |
|---|---|---|
| **versleten**<br>verßleete(n)<br>verschlissen ... | **meer versleten**<br>meer verßleete(n) | **meest versleten**<br>meeßt verßleete(n) |

*Sobald etwas an das Eigenschaftswort angehängt wird, gelten dieselben Lautänderungen wie bei der Bildung der Mehrzahl von Hauptwörtern, z. B.* schoon => schone; boos => bozer.

Immer kann man einfach ein verstärkendes „sehr“ voranstellen, z. B. heel, erg oder die sehr flämischen Begriffe stijf und wreed.

**Brugge is stijf/wreed schoon.**
brüche iß ßtif/wree ßchoen
*Brugge ist wirklich schön*
Brügge ist sehr schön.

**Gent is een heel schone stad.**
chänt ißen eel ßchoene ßtad
*Gent ist eine sehr schöne Stadt*
Gent ist eine sehr schöne Stadt.

Steht das Eigenschaftswort vor einem Hauptwort mit dem Artikel de (also auch alle Mehrzahlformen), hängt man ein -e(n) an, außer es endet auf -a, -o, -e, -en, -er, -é, -i oder -y.

**open** **Rij die open poort maar binnen.**
oepen räe die oepen poert maar bine(n)
*offen* *fahre jene offen Tor aber hinein*
offen Fahre einfach beim offenen Tor rein.

*Beim sächlichen* het-*Hauptwort wird das* -e(n) *grundsätzlich weggelassen!*

Das -n wird oft angehängt, wenn das Hauptwort mit einem Selbstlaut beginnt, ...

**plezant** **Het was een plezanten avond.**
plesant twaß nen plesanten aavend
*nett* *es war ein netter Abend*
nett Es war ein netter Abend.

oder das Wort das Mehrzahl-Objekt ist:

**klein** **Hij gaf mij de kleinen.**
kläen äe chaf mäe de kläene(n)
*klein* *er gab mir die kleinen*
klein Er gab mir die Kleinen.

Steht vor dem Eigenschaftswort iets(ke), velerlei, allerlei, wat, veel, weinig, minder oder genoeg bekommt es die Endung -s:

**groot** **Hebt gij iets minder groots?**
chroet äbt chäe ietß minder chroetß
*groß* *habst du etwas weniger großes*
groß Haben Sie ein nicht so Großes?

## Vergleich

Vergleicht man Personen oder Dinge mit juist zo ... als, even ... als, zo ... mogelijk verwendet man die Grundform der Eigenschaftswortes:

**Dit hotel* is juist zo goed als dat ginder.**
dit otäl iß shüßt soe chu alß da chinder
*dies Hotel ist genau so gut wie das dort*
Dieses Hotel ist genauso gut wie das da.

Rathaus in Leuven

**Die sacoches zijn even goedkoop.**
die ßakoscheß säen eeve(n) chukoep
*jene Handtaschen sind eben preiswert*
Die Handtaschen sind gleich preiswert.

**Ik moet zo rap mogelijk naar het station*.**
kmut soe rap moechelek naart ßtaßjon
*ich muss so schnell möglich nach der Bahnhof*
Ich muss so schnell wie möglich zum Bahnhof.

Für Unterschiede, verwendet man die 1. Steigerungsstufe + dan, oder hoe .. hoe.

**Tongeren is ouder dan Leuven.**
tongere(n) iß auder dan löewe(n)
*Tongeren ist älter als Löwen*
Tongern ist älter als Löwen.

**Hoe meer, hoe beter.**
u meer u beeter
*je mehr desto besser*
Je mehr desto besser.

### Umstandswort (Adverb)

Ein Eigenschaftswort in der 1. Steigerungsstufe dient auch einfach als Umstandswort:

**Wij kunnen beter langs hier gaan.**
we küne beeter langß ier chaan
*wir können besser entlang hier gehen*
Wir können besser hier lang gehen.

## Sein & haben

Die Formen dieser beiden Hilfswörter sollte man sich gut einprägen. Der Gebrauch und die Aussprache im Flämischen unterscheidet sich deutlich vom Hochniederländischen!

### hebben – haben

| | | |
|---|---|---|
| **ik heb** | käb (kän, keen) | *ich habe* |
| **gij hebt** | chäed (hie'äd) | *du hast* |
| **hij/zij/het heeft** | äe'eeft / sä'eeft / t'eeft (äd) | *er/sie/es hat* |
| **wij hebben** | wämn (wülder/miender een) | *wir haben* |
| **gijle hebt** | chäelen'äd (chülen/hiender'äd) | *ihr habt* |
| **zij hebben** | säme (sülder/siender een) | *sie haben* |

### Vergangenheit von hebben

**(ik, gij, hij, zij, het, gijle) had**
k'ad, chäe'ad, äe'ad, säe'ad, t'ad,
chäelen'ad (chülen/hiender'ad)

**(wij, zij) hadden**
wodn (wülder/miender an),
sodn (sülder/siender an)

Und die zusammengesetzte Form, die Sie mit der gewünschten Gegenwarts- oder einfachen Vergangenheitsform von hebben kombinieren können, lautet: gehad che'ad *gehabt*!

**Wij hebben 'n plezanten dag gehad.**
wämn nen plesanten dach che'ad
*wir haben ein netten Tag gehabt*
Wir haben einen netten Tag gehabt.

### zijn – sein

| | | |
|---|---|---|
| *ich bin* | **ik ben/zijn** | kbän (ksäen, ksien) |
| *du bist* | **gij bent/zijt** | chäe bänt / chäe säd (chäe siet) |
| *er/sie/es ist* | **hij/zij/het is** | ä'iß / säe'iß / t'iß |
| *wir sind* | **wij zijn** | we'säen (wülder'soan, miender'sien) |
| *ihr seid* | **gijle zijt** | chäele'säet (chüle'soat, hiender'siet) |
| *sie sind* | **zij zijn** | se'säen (sölder'soan, sünder'sien) |

**Zijt ge hier voor den eerste keer?**
säed che ier voer deneerßte keer
*bist du hier zum ersten Mal*
Bist zu zun ersten Mal hier?

**Ja, ik ben hier nog nooit eerder geweest.**
jak bän ier noch noojt eerder cheweeßt
*ja ich bin hier noch nie eher gewesen*
Ja, ich bin hier noch nie zuvor gewesen.

## Vergangenheit von zijn

**(ik, hij, zij, het) was**
k'waß, äe'waß, säe'waß, t'waß

**(gij, gijle) waart**
chäe'waart, chäele'waart (chüle/hiender'woart)

**(wij, zij) waren**
we'waare(n) (miender/wülder'woare(n)),
se'waare(n) (sünder/sölder'woare(n))

Wie Sie sicher schon erraten haben, ist geweest cheweeßt *gewesen* die zusammengesetzte Vergangenheitsform von „sein".

Bierhuis in Gent

## Kaufen, gekauft, werde kaufen

Wie im Deutschen bildet man den Wortstamm durch Wegstreichen der Endung -en und beugt (konjugiert) dann wie folgt:

| | komen | kopen | zitten | geven |
|---|---|---|---|---|
| ik = *Stammform* | kom | koop | zit | geef |
| gij/hij/zij/het/gijle | komt | koopt | zit | geeft |
| wij/zij = *Grundform* | komen | kopen | zitten | geven |

Wie Sie sehen, ist es ganz einfach: Die „wir-sie-Form" entspricht der Grundform. Die „ich"-Form entspricht dem Wortstamm. Und zur Bildung der „du-Sie-er-sie-es-ihr"-Form wird einfach ein -t an den Stamm gehängt, wenn dieser nicht schon auf -t endet.

Denken Sie daran, dass bei der Verbbildung auch die Lautänderungen auftreten, die Sie bei der Mehrzahlbildung von Hauptwörtern kennen gelernt haben:

*Es gibt im Flämischen sicherlich ebenso viele unregelmäßige Verbformen wie im Deutschen, daher stehen in der Deutsch-Flämischen Wortliste am Buchende auch unregelmäßige Formen.*

a) Beim Wortstamm wird der lange Selbstlaut doppelt geschrieben (aa, ee, oo, uu). Hängt eine Endung dran, wird der Selbstlaut einfach (a, e, o, u) geschrieben: koop – kopen

b) Ein einfacher Selbstlaut (a, e, o, u) beim Wortstamm ohne Endung ist kurz zu sprechen. Hängt eine Endung dran, wird der Mitlaut am Stammende verdoppelt: zit – zitten.

c) Aus einem langen Selbstlaut (ui, ie, oe, ij, ei, ee, oo, uu, aa) + -s wird immer ein -zen, aus -f immer ein -ven: geef – geven, kies – kiezen.

## Verbvorsilben

Es gibt auch im Flämischen verschiedene Verbvorsilben, die in der gebeugten Form vom Stamm getrennt werden. Es gibt aber auch untrennbare Verbvorsilben wie be- *be-*, her- *wieder-*, ont- *ent-*, ver- *ver-*, achter- *hinter*, onder- *unter-*. Kennt man sie, hilft es bei der Suche nach der flämischen Entsprechung für ein deutsches Verb mit Vorsilbe.

| | | | |
|---|---|---|---|
| **aandoen** | *anziehen* | **doet aan** | *zieht an* |
| **afstappen** | *aussteigen* | **stapt af** | *steigt aus* |
| **binnengaan** | *hineingehen* | **gaat binnen** | *geht hinein* |
| **bijvoegen** | *hinzufügen* | **voegt bij** | *fügt hinzu* |
| **doorlaten** | *durchlassen* | **laat door** | *lässt durch* |
| **instappen** | *einsteigen* | **stapt in** | *steigt ein* |
| **loslaten** | *loslassen* | **laat los** | *lässt los* |
| **meedoen** | *mitmachen* | **doet mee** | *macht mit* |
| **omrekenen** | *umrechnen* | **rekent om** | *rechnet um* |
| **opeten** | *aufessen* | **eet op** | *isst auf* |
| **overblijven** | *übrigbleiben* | **blijft over** | *bleibt übrig* |
| **tegenhouden** | *aufhalten* | **houdt tegen** | *hält auf* |
| **toekomen** | *ankommen* | **komt toe** | *kommt an* |
| **uittrekken** | *ausziehen* | **trekt uit** | *zieht aus* |
| **voorrijden** | *vorfahren* | **rijdt voor** | *fährt vor* |
| **voortzetten** | *fortsetzen* | **zet voort** | *setzt fort* |
| **wegbrengen** | *wegbringen* | **brengt weg** | *bringt weg* |

aan - *an*
af - *ab, aus*
binnen - *hinein*
bij - *bei, hinzu*
door - *durch*
in - *ein*
los - *los*
mee - *mit*
om - um
op - *auf*
over - *über, übrig*
tegen - *gegen*
toe - *zu, an*
uit - *aus*
voor - *vor*
voort - *fort*
weg - *weg*

**Doe die vest eens aan!**
du die väßt eenß aan
*tu die Weste einmal an*
Zieh die Jacke mal an!

## Vergangenheit

Die einfache Vergangenheit von regelmäßigen Verben bildet man durch Anhängen von -te(n) an den auf -t, -k, -ch, -p endenen Stamm. Bei allen anderen hängt man -de(n) an. Die n-Form gilt für die Mehrzahl. Die zusammengesetzte Vergangenheit bildet man durch ein Voranstellen von ge- vor den Vergangenheitsstamm (ohne -e(n)). Bei Verben mit trennbarer Verbvorsilbe wird das -ge- nach der Vorsilbe eingeschoben. Bei den Verben mit untrennbarer Vorsilbe entfällt das ge-.

| | werken | leggen | geloven | reizen |
|---|---|---|---|---|
| ik/gij/hij/zij/het/gijle | werkte | legde | geloofde | reisde |
| wij/zij | werkten | legden | geloofden | reisden |
| *zusammengesetzte Form* | gewerkt | gelegd | geloofd | gereisd |

**Ik werkte toen nog in Keulen.**
kwärkte ton noch in köele(n)
*ich arbeitete damals noch in Köln*
Ich arbeitete damals noch in Köln.

Wie im Deutschen kombiniert man die Form der zusammengesetzten Vergangenheit fast immer mit der entsprechenden Form von „haben".

**Zij hebben de bagage op de kamer gezet.**
säe'än de bachaashe op de kaamer chesät
*sie haben das Gepäck auf das Zimmer gesetzt*
Sie haben das Gepäck ins Zimmer gestellt.

Bei Verben, die eine Ortsänderung oder Zustandsänderung anzeigen (und kein direktes Objekt haben können), verwendet man zijn:

**Ik ben nog niet veel in België geweest.**
kbän noch nie veel in bälchie-e cheweeßt
*ich bin noch nicht viel in Belgien gewesen*
Ich war noch nicht oft in in Belgien.

Walstraat in Brugge

Es gibt aber auch Verben, bei denen sowohl zijn als auch hebben stehen kann. Aber es wird damit etwas Unterschiedliches ausgedrückt.

**Hij heeft zijn been gebroken.**
äe'eeft säen been chebroeke(n)
*er hat sein Bein gebrochen*
Er hat sein Bein gebrochen.

**Zijn been is gebroken.**
säen been iß chebroeke(n)
*sein Bein ist gebrochen*
Sein Bein ist gebrochen.

## Zukunft

Die Bildung der Zukunft funktioniert genau wie mit dem deutschen „werden“. Fast noch häufiger wird einfach „gehen“ gebraucht.

*Beachten Sie, dass es im Flämischen auch* worden *gibt, aber dies bedeutet lediglich „werden“ im passivischen Sinne, jedoch keine Zukunft!*

| **zullen** – *werden* | **gaan** – *gehen* |
|---|---|
| **ik zal (zou)** | **ik ga** |
| ksal (ksau) | kchaa |
| **gij/gijle zult (zoud)** | **gij/gijle gaat** |
| chäe/chüle sült (saud) | chäe/chüle chaat |
| **hij/zij/het zal (zou)** | **hij/zij/het gaat** |
| äe/säe/t' sal (sau) | äe/säe/t' chaat |
| **wij/zij zullen (zouden)** | **wij/zij gaan** |
| wäe/säe süle (saudn) | wäe/säe chaan |

**Ik ga morgen naar de film.**
kchaa morche(n) naar de film
*ich gehe morgen nach der Film*
Ich werde morgen ins Kino gehen.

**Hoe lang zult ge blijven?**
u lang söelt che bläeve(n)
*wie lange wirst du bleiben*
Wie lange werden Sie bleiben.

Jetzt kann man noch einen Schritt weitergehen und die Form „würden“ bilden: zou(den).

*Eine typische Dialekt gefärbte Aussprache für* graag *ist* chäere!

**Wij zouden graag bestellen.**
wäe saude(n) chraach beßtäle(n)
*wir würden gerne bestellen*
Wir würden gerne bestellen.

## Passiv

Man macht im Flämischen recht häufig Gebrauch von der Passivform mit worden. Die Bildung des Passivs ist so einfach – weil identisch mit dem Deutschen –, dass man es sogar im Rahmen eines Kauderwelsch-Bandes kurz vorstellen kann.

| Gegenwart | Vergangenheit | |
|---|---|---|
| **word** | **werd** | ik/hij/zij/het |
| **wordt** | **werdt** | gij/gijle |
| **worden** | **werden** | wij/zij |

**Wordt ge al geholpen?**
word che al cheolpen
*wirst du schon geholfen*
Kann ich Ihnen behilflich sein?

**Wat voor muziek werd daar gespeeld?**
wat voer müüsiek wärd daar cheßpeeld
*was für Musik wurde dort gespielt*
Was für Musik gab's da?

## Dürfen, wollen, können, müssen

Beim Satzbau mit „dürfen, wollen, können, müssen" ist im Flämischen gelegentlich eine etwas andere Reihenfolge einzuhalten, als wir es im Deutschen kennen. Hier erst einmal die Gegenwartsformen:

# Dürfen, wollen, können, müssen

| | dürfen | wollen | können | müssen |
|---|---|---|---|---|
| ik | mag | wil | kan | moet |
| gij/gijle | moogt | wilt | kunt | moet |
| hij/zij/het | mag | wil | kan | moet |
| wij/zij *(Grundform)* | mogen | willen | kunnen | moeten |

**Gij moogt hier niet parkeren.**
chäe moecht ier nie parkeere(n)
*du darfst hier nicht parken*
Sie dürfen hier nicht parken.

**Wilt ge iets drinken?**
wilde ietß drinke(n)
*willst du etwas trinken*
Willst du etwas trinken?

Die Vergangenheitsformen sind ganz einfach. Die zusammengesetzte Form verwendet man immer mit hebben *haben*.

| | | | | |
|---|---|---|---|---|
| ik/gij/gijle/hij/zij/het | mocht | wou | kon | moest |
| wij/zij | mochten | wouden | konden | moesten |
| *zusammengesetzte Form* | gemogen | gewild | gekund | gemoeten |

**Dat had ik nooit gekund.**
datadik noojt chekünd
*das hatte ich nie gekonnt*
Das hätte ich nie geschafft.

*Das niederländische* hoeven *(müssen) verwendet man in Flandern nicht!*

**Bij het café* moesten wij rechtsaf.**
bäet kafee mußte(n) wäe rächtßaf
*bei das Café mussten wir rechtsab*
Beim Café mussten wir rechts ab.

Sie können jetzt mit dem schon kennen gelernten zou(den) *würde(n)* noch komplexere Wünsche äußern:

*Übrigens hört man ab und zu statt* wou(den) *auch* wilde(n).

**Ik zou dat ook graag willen hebben.**
ksau da ook chraach wile(n) äbe(n)
*ich würde dies gerne wollen haben*
Ich hätte gern dieses hier.

**Zoud gij efkes kunnen komen kijken?**
saude äfkeß küne(n) koeme(n) käeke(n)
*würdest du eben können kommen schauen*
Könnten Sie gerade mal gucken kommen?

## Nein, kein & Co.

Die Verneinung funktioniert genau wie im Deutschen, hier sind die Wörtchen:

| | | |
|---|---|---|
| **nee(n)** | nee(n) | nein |
| **niet** | niet | nicht |
| **niks/niets** | nikß/nietß | nichts |
| **geen** | cheen | kein |
| **nooit** | noojt | nie |
| **niemand** | niemand | niemand |
| **nergens** | närcheß | nirgends |
| **zonder** | sonder | ohne |

**Ik heb geen goesting.**
käb cheen chußting
*ich habe keine Lust*
Ich habe keine Lust.

*geen verhält sich wie ein Eigenschaftswort und bekommt vor Hauptwörtern mit dem Artikel de die Endung -e(n).*

**Ik heb geenen sou.**
käb cheene(n) ßu
*ich habe keinen Sou(altes französiches Geld)*
Ich habe keinen Cent.

**Het water* is niet proper.**
twaater iß nie proeper
*das Wasser ist nicht sauber*
Das Wasser ist nicht sauber.

**Ik ben nog nooit eerder in Gent geweest.**
kbän noch noojt eerder in chänt cheweeßt
*ich bin noch nie eher in Gent gewesen*
Ich bin noch nie in Gent gewesen.

**Voor mij niks te drinken, dank u.**
voer mäe nikß te drinke(n) danküü
*für mich nichts zu trinken danke dir*
Ich möchte nichts trinken, danke.

Schulkinder am Grote Markt in Antwerpen

## Wer, wie, was?

Wie im Deutschen gibt es zwei Arten, Fragen zu bilden – einmal mit Fragewörtern und durch Stellen von einfachen Ja-Nein-Fragen.

| | | |
|---|---|---|
| **wie** | wie | wer/wem/wen |
| **wien** | wien | wen *(m)* |
| **wiens/wier** | wienß/wier | wessen *(m/w)* |
| **van wie** | van wie | von wem |
| **aan wie(n)** | aan wie(n) | wem *(w (m))* |
| **wat** | wat | was |
| **wat (voor) (een)** | wat (voer) (een) | was für ein |
| **wanneer** | waneer | wann |
| **welke(n)** | wälke(n) | welch(e) |
| **welk een** | wälkeen | welch ein |
| **om welk uur** | om wälküür | wie spät |
| **hoe** | u | wie |
| **hoeveel** | uveel | wie viel |
| **hoe laat** | ulaat | wie spät |
| **waar** | waar | wo |

*Auf jeden Fall merken sollten Sie sich* watblieft wablieft, *d. h. „Wie bitte?!“, falls Sie etwas nicht verstanden haben.*

Darüber hinaus gibt es Kombinationen von „wo“ mit Verhältniswörtern (Präpositionen), z. B. waaraan *woran*, waarachter *wohinter*, waarbij *wobei*, waardoor *wodurch*, waarheen *wohin*, waarin *worin*, waarlangs *wo entlang*, waarmee *womit*, waarna *wonach*, waarom *warum*, waaronder *worunter*, waarop *worauf*, waarover *worüber*, waartegen *wogegen*, waartoe *wozu*, waartussen *wozwischen*, waaruit *woraus*, waarvan *wovon*, waarvandaan *woher* und schließlich noch waarvoor *wofür*.

**Waar komt ge vandaan?**
waar komt che vandaan
*wo kommen du her*
Woher kommen Sie?

*wie und welk verhalten sich wie Eigenschaftswörter und bekommen vor Hauptwörtern mit dem Artikel de die Endung -e(n).*

**Wien wilt ge spreken, de vader of de zoon?**
wien wilt che ßpreeken, de vaader of de soen
*wen willst du sprechen den Vater oder den Sohn*
Wen willst du sprechen, Vater oder Sohn?

**In welk leerjaar* zit gij?**
in wälk leerjaar sit chäe
*in welcher Klasse sitzt du*
In welcher Klasse bist du?

**Van welken eeuw is dit?**
van wälken eew iß dit
*von welchem Jahrhundert ist dies*
Aus welchem Jahrhundert stammt das hier?

**Hoe laat zullen wij afspreken?**
ulaat süle(n) wäe afßpreeke(n)
*wie spät sollen wir verabreden*
Wie spät sollen wir uns treffen?

**Met hoevelen zijt gij?**
mät uveele(n) säet chäe
*mit wie-vielen bist du*
Wie viele seid ihr?

Wie Sie sehen, steht das Fragewort im flämischen Satz an der gleichen Stelle wie im Deutschen. Jetzt die einfache Ja-Nein-Frage:

**Wilt gij iets drinken?**
wilt chäe ietß drinke(n)
*willst du etwas trinken*
Möchten Sie etwas trinken?

**Ja, een pintje* graag.**
ja en pientshe chraach
*ja ein Glas-Bier gerne*
Ja, ein Bier bitte.

**Neen, bedankt.**
neen bedankt
*nein danke*
Nein, danke.

## Komm & geh!

Einmal wird einfach der Wortstamm des Verbes verwendet (ohne -en), egal wie viele Personen man auffordert:

**Karel (en Kris), kom binnen!**
kaarel (än krieß), kom bine(n)
*Karel (und Kris) komm hinein*
Karel (und Kris), komm(t) rein!

Wenn Sie es allerdings höflicher sagen möchten, verwenden Sie gij oder gijle mit dem entsprechenden gebeugten Verb und stellen auch noch eines der folgenden Wörtchen hinzu: een keer, eens, (maar) efkes.

**Komt gij maar efkes binnen!**
komt chäe maar äfkeß bine(n)
*kommst du aber eben rein*
Kommen Sie doch gerade rein!

Für zijn *sein* nimmt man immer zijt (nicht das hochniederländische wees!).

**Allez! Zijt een keer kalm!**
alee säet nekeer kalm
*kommt seid ein Mal ruhig*
Seid doch mal ruhig!

Man hört insbesondere bei Lautsprecherdurchsagen einfach nur die Grundform oder feststehende Redewendungen:

| **Instappen!** | **Opletten!** | **Opgelet!** |
|---|---|---|
| inßtape(n) | opläte(n) | opchelät |
| *einsteigen* | *aufpassen* | *aufgepasst* |
| Einsteigen! | Aufpassen! | Achtung! |

## Der flämische Satz

Es gibt Besonderheiten im flämischen Satz, die Sie kennen lernen sollten:

### Das Wörtchen „er"

Man verwendet es wie das unpersönliche „(gibt) es" im Deutschen:

**Is er nog melk in de frigo?**
ißer noch mälk in de friechoe
*ist da noch Milch in der Kühlschrank*
Ist noch Milch im Kühlschrank?

**Er is iets mis met den auto.**
eriß ietß miß mät den auto
*es ist etwas falsch mit das Auto*
Mit dem Auto ist etwas nicht in Ordnung.

Das Wörtchen er bedeutet eigentlich „da" und es gibt es wie im Deutschen auch in Kombination mit Verhältniswörtern, z. B. eraan *daran*, erachter *dahinter*, erbij *dabei* usw. (siehe auch bei den Fragewörtern). Diese werden oft im Satz wieder getrennt, um mindestens ein Objekt im 4. Fall (Akkusativ) oder eine Verneinung dazwischen zu stellen:

**Ik heb er alleszins geen plezier aan.**
käber aleßinß cheen plezier aan
*ich habe da jedenfalls kein Freude an*
Ich habe da jedenfalls keinen Spaß dran.

**Ik hou er gewoon niet van.**
kau er chewoen nie van
*ich halte da gewöhnlich nicht von*
Ich mag das einfach nicht.

**Hebt ge dat bordje* gezien? Wat stond erop?**
äbt che da bordje chesien wa ßtonterop
*hast du das Schildchen gesehen was stand darauf*
Hast du das Schild gesehen? Was stand drauf?

**De taxi is er al.**
de takßie ißeral
*das Taxi ist da schon*
Das Taxi ist schon da.

Man gebraucht er auch bei Mengenangaben:

| | |
|---|---|
| **Hebt gij er nog eentje?** | **Ja, ik heb er een.** |
| äbt chäe er noch eentje | ja käber een |
| *hast du da noch ein-chen* | *ja ich habe da ein* |
| Hast du noch eins? | Ja, ich habe eins. |

| | |
|---|---|
| **Hoeveel zijn er?** | **Er zijn er nog veel.** |
| uveel säender | er säender noch veel |
| *wie-viel sind es* | *es sind da noch viel* |
| Wie viele sind da? | Es sind noch viele da. |

## Der, welcher ... & das, was ...

Wenn das Bezugswort den Artikel de hat oder stattdessen ein (n)iemand, elkeen, d(i)egene, sommige, enige, verschillende, een paar oder ein Name an der Stelle steht, verwenden Sie die. Bei het-Wörtern verwenden Sie dat.

**Wie is dat meiske* dat er juist wegging?**
wieß da mäeßke dater shüßt wäching
*wer ist das Mädchen das da gerade wegging*
Wer war das Mädel, das gerade gegangen ist?

*Die Kombinationen von waar mit Verhältniswörtern habe ich Ihnen schon bei den Fragewörtern vorgestellt.*

Für Relativsätze gebraucht man oft die Kombination von waar mit Verhältniswörtern, auch wenn es sich um eine Person handelt:

**Dat is de vriend waarmee ik weg was.**
daß de vriend waarmeek wäch waß
*das ist der Freund womit ich weg war*
Das ist der Freund, mit dem ich weg war.

# Eins, zwei, drei...

Die Zahlen werden genauso wie im Deutschen gebildet. Alles bis 19 bildet man durch Anhängen von -tien *zehn* (außer 11 und 12).

| | | | | | |
|---|---|---|---|---|---|
| 0 | **nul** | nül | 10 | **tien** | tien |
| 1 | **een** | een | 11 | **elf** | älf |
| 2 | **twee** | twee | 12 | **twaalf** | twaalf |
| 3 | **drie** | drie | 13 | **dertien** | därtien |
| 4 | **vier** | vier | 14 | **veertien** | veertien |
| 5 | **vijf** | väef | 15 | **vijftien** | väeftien |
| 6 | **zes** | säß | 16 | **zestien** | säßtien |
| 7 | **zeven** | seeve(n) | 17 | **zeventien** | seeve(n)tien |
| 8 | **acht** | acht | 18 | **achttien** | achtien |
| 9 | **negen** | neeche(n) | 19 | **negentien** | neeche(n)tien |

Glatte Zehnerzahlen bildet man mit -tig *-zig*. Von 21 – 99 wird alles mit en *und* verbunden.

| | | |
|---|---|---|
| 20 | **twintig** | twintich |
| 21 | **eenentwintig** | eenentwintich |
| 22 | **tweeëntwintig** | tweeentwintich |
| 23 | **drieëntwintig** | drieentwintich |
| 24 | **vierentwintig** | vierentwintich |
| 30 | **dertig** | därtich |
| 40 | **veertig** | veertich |
| 50 | **vijftig** | fäeftich |
| 60 | **zestig** | ßäßtich |
| 70 | **zeventig** | seeve(n)tich |
| 80 | **tachtig** | tachtich |
| 90 | **negentig** | neeche(n)tich |

*Hier sehen Sie die Besonderheit, Ihnen mit dem* ë *zu zeigen, dass Sie dieses* e *getrennt vom vorangegangen Selbstlaut aussprechen müssen. Ganz selten sehen Sie ein solches Trema auch auf einem* ï, *z. B.:* ruïne.

| | | |
|---|---|---|
| 100 | **(een) honderd** | (een) onderd |
| 1000 | **(een) duizend** | (een) döesend |
| 100.000 | **honderdduizend** | onderd döesend |
| (1) Million | **(een) miljoen** | (een) miljun |
| (1) Milliarde | **(een) miljard** | (een) miljard |

## Jahreszahl

**achttien(honderd) eenendertig**
achtien(onderd) eenendärtich
*achtzehn(hundert) einunddreißig*
1831

## Erste, zweite ...

*Die verkürzten Schreibweisen* 1e, 2e *usw. sind für Zahlen von 1–19 populärer.*

| | | | | |
|---|---|---|---|---|
| 1. | **1e** | **1ste** | **eerste** | eerßte |
| 2. | **2e** | **2de** | **tweede** | tweede |
| 3. | **3e** | **3de** | **derde** | därde |
| 4. | **4e** | **4de** | **vierde** | vierde |

Wie im Deutschen verwendet man für Zahlen ab 20 immer -ste: twintigste *zwanzigste*. Formen wie „zu zweit/dritt“ bildet man durch Anhängen von -en: met zijn tweeën, drieën, vieren. Für twee kann man alternativ auch met ons/uw/zijn/hun tweetjes sagen. Für „eins“ kann man nur aleen *allein* sagen oder auch op mijn eentje op men eentje *„auf mein eins-chen“*.

**Laat ons met ons tweetjes naar de film gaan!**
laatonß mät ons tweetjeß naar de film gaan
*lass uns mit uns zwei-chen nach der Film gehen*
Lass uns zusammen ins Kino gehen.

**Ik eet niet graag op mijn eentje*.**
keet nie chraach op men eentje
*ich esse nicht gerne auf mein ein-chen*
Ich esse ungern allein.

### Teilbeträge

| | | |
|---|---|---|
| 1/2 | **een half** | en alf |
| 1,5 | **anderhalf** | anderalf |
| 1/3 | **eenderde** | een därde |
| 1/4 | **een kwart** | een kwart |
| 3/4 | **drie kwart** | drie kwart |
| 5 % | **vijf procent** | väef proßänt |

## Zeit & Datum

Hiermit können Sie sich (siehe in den Konversationskapiteln) mit Flamen verabreden oder einfach nach Öffnungszeiten fragen.

### Uhrzeit

**Pardon, hoe laat is het?**
pardon ulaat ißet
*Entschuldigung wie spät ist es*
Entschuldigung, wie spät ist es?

**Wat uur is het nu?**
wadüür ißt nüü
*was Uhr ist es jetzt*
Wie spät ist es jetzt?

| tiß | **Het is ...** | **Es ist ...** |
|---|---|---|
| een üür | **... één uur.** | ... ein Uhr. |
| een üür väef | **... één uur vijf.** | ... ein Uhr fünf. |
| väef naa een | **... vijf na één.** | ... fünf nach eins. |
| kwart naa een | **... kwart na één.** | ... Viertel nach eins. |
| väef voer alf twee | **... vijf voor half twee.** | ... fünf vor halb zwei. |
| alf twee | **... half twee.** | ... halb zwei. |
| kwart voer (twee) | **... kwart voor (twee).** | ... Viertel vor (zwei). |

Wie im Deutschen kann man nach den Minutenangaben bei Bedarf ein minuten mienüüte(n) „Minuten" einsetzen.

Will man zum Ausdruck bringen, dass etwas nicht mehr lange dauert, oder erst gerade passiert ist, hängt man die Verniedlichungsendungen -(s)ke oder -tje (sowie einem -s am Ende bei Mehrzahl) an, z. B. nog tien minutjes noch tien mienüütjeß *noch zehn Minuten*.

| | | |
|---|---|---|
| **seconde (-ke/s)** | ßekonde | Sekunde |
| **minuut (-je/s)** | mienüüt | Minute |
| **kwartier* (-ke/s)** | kwartier | Viertelstunde |
| **(half) uur* (-ke/s)** | (alf) üür | (halbe) Stunde |
| **dag (-ske/s)** | dach | Tag |
| **week (-ske/s)** | week | Woche |
| **maand (-je/s)** | maand | Monat |
| **jaar* (-ke/s)** | jaar | Jahr |

Im Gegensatz zu maand und week gebraucht man im Flämischen jaar, uur und kwartier meist in der Einzahl (auch bei mehr als eins), es sei denn es wird die Zeitdauer betont oder es steht ein Eigenschaftswort davor:

**Ik woon al twintig jaar* hier.**
kwoen al twintich jaar ier
*ich wohne schon zwanzig Jahr hier*
Ich wohne schon 20 Jahre hier.

**Ik woon al twintig schone jaren hier.**
kwoen al twintich ßchoene jaaren ier
*ich wohne schon zwanzig schöne Jahre hier*
Ich wohne schon 20 schöne Jahre hier.

| | | |
|---|---|---|
| **morgen** | morchen | Morgen |
| **ochtend** | üchtend | Morgen |
| **middag** | midach | Mittag |
| **namiddag** | naamidach | Nachmittag |
| **avond** | aavend | Abend |
| **nacht** | nacht | Nacht |
| **weekdag** | weekdach | Wochentag |

*Hängt man ein* -s *an* morgen *und stellt ein* 's- *davor, hat man* 's morgens = *„morgens". Das geht mit allen nebenstehenden Worten sowie allen Wochentagen.*

**Om zeven uur* 's ochtends.**
om seevenüür ßochtenß
*um sieben Uhr morgens*
Um sieben Uhr morgens.

*Achtung: Beim Datum werden im Gegensatz zum Deutschen die einfachen Kardinalzahlen verwendet!*

**De hoeveelste zijn wij vandaag?**
de uveelßte säen we vandaach
*den wie-viel-ten sind wir heute*
Der Wievielte ist heute?

**Het is zondag, 1 mei 2002.**
tiß sondach een mäe tweedöesendentwee
*es ist Sonntag ein Mai zweitausend-und-zwei*
Es ist Sonntag, der erste Mai 2002.

Touristische Pferdekutsche am Grote Markt, Antwerpen

## Kurz-Knigge

Gern lässt sich der Flame darüber aus, dass die Wallonen überheblich seien und sich nie bemühen würden, Niederländisch zu sprechen. Andererseits sprechen sie selbst nur allzu bereitwillig Französisch mit den Wallonen. Warum sonst stünde das Schild in Mechelen, auf dem die Flamen aufgefordert werden, in Brüssel immer Flämisch zu sprechen? Brüssel ist schließlich offiziell zweisprachig (siehe Bild Seite 130)!

Einigkeit herrscht bei den Wallonen und Flamen hingegen darüber, dass Belgien als Land im Schatten von Brüssel als Sitz der Europeese Unie öropeeße ünie *Europäischen Union* international zu wenig Beachtung findet. Daher der dringende Rat – nehmen Sie Belgien und seine Bewohner ernst! Es ist zwar ein junges Land, aber dafür hat es auch sehr kämpfen müssen und darauf ist man stolz!

Die Flamen haben dabei am meisten kämpfen müssen, denn bei Staatsgründung war die offizielle Sprache des Landes Französisch, obwohl die Mehrheit der Bevölkerung niederländischsprachig war. Und da wäre auch noch den Kampf um Gleichberechtigung mit den benachbarten Niederlanden auf sprachlicher Ebene. Werfen Sie diese beiden Kulturen auf keinen Fall in einen Topf!

Ein anderes Phänomen ist, dass der Flame sich schnell für den von ihm gesprochenen flämischen Dialekt entschuldigt und versucht AN (Algemeen Nederlands) *Niederländische Hochsprache* zu sprechen. Das passt aber gar nicht zur Sprache und Kultur der Flamen. Schließlich kann man zum Niederländisch lernen in die Niederlande fahren.

Mariabild in Antwerpen

**Excuseer mijn dialect*.**
äkßküüseer mäen dialäkt
*entschuldige(du) mein Dialekt*
Entschuldigen Sie meinen Dialekt.

**Ik zal trachten AN te spreken.**
ksal trachten aa-än te ßpreeken
*ich werde versuchen Hochniederländisch zu sprechen*
Ich werde versuchen Hochniederländisch zu sprechen.

**Maar neen, ik wil juist Vlaams leren.**
maar neen kwil shüßt vlaamß leere(n)
*aber nein ich will gerade Flämisch lernen*
Aber nein, ich will doch Flämisch lernen.

## Katholizismus

Katholisch sind immer noch die meisten Belgier: Sie taufen ihre Kinder, nehmen teil an der Kommunion, besuchen katholische Schulen, heiraten kirchlich und gehen auf Begräbnisse – auch junge Leute. Dabei steht weniger der Glaube als solcher im Vordergrund, sondern vielmehr die Tradition!

# Floskeln & Redewendungen

Kennen Sie die Person noch nicht, können Sie wie gewohnt die Hand geben. Sobald Sie sich jedoch näher kommen, werden Sie als Frau von anderen Frauen und Männern mit einem Kuss auf die Wange begrüßt. Sollten Sie jedoch schon zum Familienmitglied aufsteigen, dann sind es abwechselnd drei Wangenküsschen. Männer untereinander bleiben immer beim Händedruck, der natürlich auch seine Nuancen in Herzlichkeit kennt.

## Anrede & Begrüßen

Duzen oder Siezen kennt man nicht im Flämischen, denn es gibt wie im Englischen nur eine Form: gij/ge chäe/che *du*.

Den nachfolgenden Gruß kann man zu jeder Tageszeit sagen, wenn man Unbekannte auf der Straße trifft. Bei Bekannten ergänzt man dahinter den Nachnamen.

**dag meneer/madame/mevrouw/juffrouw**
dach meneer/madam/mevrau/jöfrau
*Tag Herr/Dame/Frau/Fräulein*
Guten Tag!

| | | |
|---|---|---|
| **goedendag** | chujendach | Guten Tag! |
| **goedemorgen** | chujemorchen | Guten Morgen! |
| **goedemiddag** | chujemidach | Guten (Mit)Tag! |
| **goedenavond** | chujenaavend | Guten Abend! |

juffrouw *kann man nur zusammen mit einem Namen verwenden. Allein stehend kann man damit eine Lehrerin oder Kellnerin rufen. Will man ein junges Mädchen ansprechen, deren Namen man nicht kennt, sagt man am besten* jonge dame jonge daame *„junge Dame".*

| | | |
|---|---|---|
| | **Hoe stelt gij het?**<br>u ßtält chäet<br>*wie stellst du es*<br>Wie geht's? | **Hoe gaat/zit het?**<br>u chaadet/sidet<br>*wie geht/sitzt es*<br>Wie geht's? |
| *Nicht verwirren lassen, das französische* ça va *verwenden die Flamen sowohl zum Nachfragen, wie es Ihnen geht, als auch als Antwort, dass alles o.k. ist.* | **Hoe is het (ermee)?**<br>u ißt(ermee)<br>*wie ist es (damit)*<br>Wie geht's? | **Ça va?**<br>ßa va<br>*es geht*<br>Geht's gut? |
| | **Heel/vrij/stijf goed!**<br>eel/vrie/ßtif chu<br>*sehr/relativ/steif gut*<br>Sehr/ganz/recht gut! | **Ça va!**<br>ßa va<br>*es geht*<br>O. k.! |

### Verabschieden

Meist hört man das langgezogene daaag:

| | |
|---|---|
| **Dag!**<br>daaaach | Tschüss! *(lang gezogen)* |
| **Salut! / Ciao!**<br>ßalüü/tschau | Tschüss! / Ciao! |
| **Tot seffens/subiet!**<br>tot ßäfeß/ßebiet | Bis später! |
| **Tot morgen!**<br>tot moerche | Bis morgen! |
| **Goede reis!**<br>chude räeß | Gute Reise! |
| **Prettig weekend*!**<br>prätich wiekänd | Schönes Wochenende! |
| **Prettigen avond!**<br>prätichenaavend | Schönen Abend! |

**(Awel). Kom maar eens af.**
(awäl) kom maarenß af
*(also) komm doch einmal ab*
(Also) Komm mal vorbei!

**(Allez.) De complimenten thuis (hé)!**
(alee) de kompliemänten töeß (ä)
*(Kommt) die Komplimente Zuhause (nicht-wahr)*
(Also.) Bestell schöne Grüße zu Hause, 'ne!

## Bitte & Danke

| | | |
|---|---|---|
| **alstublieft** | aßteblieft | bitte |
| **bedankt** | bedankt | danke |
| **merci** | märsie | danke |
| **dank u (wel)** | dankü̈üwäl | danke(schön) |

*„Bitte" wird in der Schriftsprache abgekürzt zu* a.u.b.

**... voor de hulp**
voer de ülp
*für die Hilfe*
... für die Hilfe

**... voor de moeite**
voer de mujte
*für die Mühe*
... für Ihre Mühe

**Het is niks.**
tiß nikß
*es ist nichts*
Nicht der Rede wert!

**Danke merci!**
danke märßie
*danke danke*
Nein danke!

## Entschuldigung!

**Pardon! / Excuseer!**
pardon / äkßküüseer
*pardon / entschuldige*
Entschuldigung!

## Floskeln & Redewendungen

**Het spijt mij!**
tßpäet mäe
*es bereuen mir*
Es tut mir Leid.

**Het geeft niet.**
't cheeft nie
*es gibt nicht*
Es macht nichts.

### Zustimmen & Ablehnen

Kiosk in Brussel

| | |
|---|---|
| **ja / nee(n)**<br>ja / nee(n) | ja / nein |
| **jawel / wel**<br>jawäl / wäl | doch wohl / doch |
| **oké / akkoord**<br>okee / akoerd | o. k. / einverstanden |
| **Dat kan (niet).**<br>dakan(nie) | Das geht (nicht).<br>*das kann (nicht)* |
| **Dat mag (niet).**<br>damach(nie) | Das ist (nicht) o.k.<br>*das darf (nicht)* |
| **Ja maar (zeg),...**<br>jamaa (säch) | Ja, aber ...<br>*ja aber (sag)* |
| **Awel merci!**<br>awäl märßie | Na dann Prost!<br>*dann danke* |
| **(Het is) goed.**<br>(tiß) chu | gut / o. k.<br>*(es ist) gut* |
| **precies / juist**<br>presieß / shüßt | genau |
| **Gij hebt gelijk.**<br>chäbt cheläek | Du hast Recht.<br>*du hast recht* |
| **misschien**<br>meßchien | vielleicht |
| **Kan (best) zijn.**<br>kan (bäßt) säen | kann sein<br>*kann (wohl) sein* |
| **mogelijk / hopelijk**<br>moechelik / oepelik | möglich / hoffentlich |

| | |
|---|---|
| **Ik weet het niet.** | Ich weiß nicht. |
| kweedet nie | *ich weiß es nicht* |
| **Het hangt er vanaf.** | Es kommt drauf an. |
| tangter vanaf | *es hängt da von-ab* |
| **Het valt te bezien.** | Muss man sehen. |
| tvalte besien | *es fällt zu besehen* |
| **Het is te hopen.** | Hoffentlich! |
| tißte oepen | *es ist zu hoffen* |
| **Dat is geen avans.** | Nichts zu machen. |
| daß cheen avanß | *da ist kein Avance* |

## Füllworte & Ausrufe

Ohne Füllworte spricht der Flame kaum einen Satz. Im Buch stehen die Füllworte oft optional in Klammern, damit Sie ein Gefühl für deren Einsatz bekommen.

| | | |
|---|---|---|
| **allez** | Los! Komm! Also ... | alee |
| **Allez toch!** | Das meinst du nicht, oder? | alee toch |
| **Maar allez!** | Ist das wahr? Nicht doch? | maar alee |
| **Allez zeg!** | Mann, lass das! | alee säch |
| **Tiens tiens!** | Aha. Ist ja interessant! | tjã tjã |
| **Zeg, ...?** | Sag mal, ...? | säch |
| **..., hé/wé?** | ..., nicht/'ne? (am Satzende) | ä/wä |
| **hé / hela** | Hey, was soll das! (am Anfang) | ee / eela |
| **amai!** | Och? Ach? Mensch! | amai |
| **awel /enfin** | also/aber ... (Situationswechsel) | awäl /õfã |
| **..., zunne!** | ..., hörst du? (am Satzende) | ßine |
| **mo!** | Merkwürdig! (am Satzanfang) | mo |
| **oei oei!** | Herrje! (Missgeschick) | ujuj |
| **èkes!** | Igitt! | äekeß |
| **spijtig!** | Schade! | ßpäetich |

## Höfliche Wünsche

**Proficiat (hé)!**
profießjat (ä)
*gratuliert (nicht-wahr)*
Glückwunsch!

**(Allez) Veel plezier!**
(alee) veel plesier
*(kommt) viel Spaß*
Viel Spaß!

**(Allez) Gelukkige verjaardag!**
(alee) chelükiche verjaardach
*(kommt) glücklicher Geburtstag*
Herzlichen Glückwunsch zum Geburtstag!

| | | |
|---|---|---|
| ßlaap wäl | **Slaap wel!** | Schlaf gut! |
| chesondäd | **Gezondheid!** | Gesundheit! |
| saalichen oechdach | **Zaligen hoogdag!** | Frohes Fest! (christlich) |

# Das erste Gespräch

Das erste Kennenlernen läuft überall ähnlich ab. Man fragt nach Namen, Herkunft, Beruf oder spricht kurz über das Wetter.

**Van welke streek zijt gij?**
van wälke ßtreek zäet chäe
*von welche Gegend bist du*
Aus welcher Gegend stammen Sie?

**Ik kom uit (de provicie) Brabant.**
ik kom öet (de provinßie) braabant
*ich komme aus (der Provinz) Brabant*
Ich komme aus (der Provinz) Brabant.

**Waar komt gij vandaan?**
waar komt chäe vandaan
*wo kommst du her*
Woher kommen Sie?

**Ik ben Westvlaamse/Westvlaming.**
kbän wäßtvlaamße/wäßtvlaaming
*ich bin Westflämische/Westflame*
Ich bin Westflamin/Westflame.

| | | |
|---|---|---|
| **Vlaanderen**<br>vlaanderen | **Vlaming**<br>vlaaming | **Vlaamse**<br>vlaamße |
| **Wallonië**<br>waloenieje | **Waal**<br>waal | **Waalse**<br>waalße |
| **België**<br>bälchie-e | **Belg**<br>bälch | **Belgische**<br>bälchieße |
| **Nederland**<br>neederland | **Nederlander**<br>neederlander | **Nederlandse**<br>neederlandße |
| **Luxemburg**<br>lükßembürch | **Luxemburger**<br>lükßembürcher | **Luxemburgse**<br>lükßembürchße |
| **Europa**<br>öropa | **Europeaan**<br>öropeeaan | **Europese**<br>öropeeße |
| **Duitsland**<br>döetßland | **Duitser**<br>döetßer | **Duitse**<br>döetße |
| **Oostenrijk**<br>ooßtenräek | **Oostenrijker**<br>ooßtenräeker | **Oostenrijkse**<br>ooßtenräekße |
| **Zwitserland**<br>switßerland | **Zwitser**<br>switßer | **Zwitserse**<br>switßerße |

**Hoe vindt ge het hier?**
hu vint chetier
*wie findest du es hier*
Wie finden Sie es hier?

*Mit einem Smartphone können Sie sich die mit einem* 👂 *gekennzeichneten Sätze dieses Kapitels anhören. Scannen Sie einfach den QR-Code mit Hilfe einer kostenlosen App (z. B. „Barcoo" oder „Scanlife").*

*Ableitungen für die Bewohner von großen flämischen Städten bildet man fast immer mit* - aar *für Männer und* -se *für Frauen:* Antwerpen – Antwerpenaar – Antwerpse; Brussel – Brusselaar – Brusselse.

**Tof zeg. Er valt veel te zien.**
tof säch er valt veel te sien
*nett sag es fällt viel zu sehen*
Wirklich gut. Es gibt viel zu sehen.

## Name & Beruf – naam en beroep

**Hoe noemd gij?**
u numt chäe
*wie nennst du*
Wie heißt du?

**Wat is uwen naam?**
wadiß üüwen naam
*was ist dein Name*
Wie heißt du?

**Wat doet gij (voor de kost)?**
wa dude chäe (voer de koßt)
*was machst du (für die Kost)*
Was tun Sie / tust du?

*Da man nun einmal endlos Berufe aufzählen könnte, sollten Sie besser Ihren Arbeitsort umschreiben:*

**Ik ga doppen.**
kcha dope(n)
*ich gehe stempeln*
Ich bin arbeitslos.

**Ik ben zelfstandig.**
kbän sälfßtandich
*ich bin selbstständig*
Ich bin selbstständig.

**Ik werk bij een bank.**
kwärk bä nen bank
*ich arbeite bei ein Bank*
Ich arbeite bei einer Bank.

**... maar ik ben nu met verlof*.**
maar kbän nü mät verlof
*aber ich bin jetzt mit Urlaub*
... aber ich habe jetzt Urlaub.

Oder: bevallingsverlof *Schwangerschaftsurlaub*.

**Ik heb vandaag congé.**
käb vandaach kõnshee
*ich habe heute freier-Tag*
Ich habe mir heute frei genommen.

## Schule & Uni – school en unief

Das Schulsystem ist in Belgien deutlich anders als z. B. in Deutschland. Erstens sind die Mehrzahl der Schulen katholisch und zweitens bleiben die Kinder bis zum späten Nachmittag in der Schule.

**Ik studeer rechten in Leuven.**
kßtüdeer rächte(n) in löwe(n)
*ich studiere Jura in Löwen*
Ich studiere Jura in Löwen.

**Ik zit nog op school.**
ksit noch op ßchoel
*ich sitze noch auf Schule*
Ich gehe noch zur Schule.

**In welk leerjaar* zit gij?**
in wälk leerjaar sitche
*in welcher Klasse sitzt du*
In welcher Klasse bist du?

**Ik loop momenteel stage bij een bedrijf*.**
kloep momenteel ßtaashe bäen bedräef
*ich laufe momentan Praktikum bei ein Betrieb*
Ich mache gerade ein Praktikum bei einem Betrieb.

# Zu Gast sein

*Wenn Sie sich noch nicht kennen, geben Sie sich einfach die Hand. Aber bei Freunden gibt man Frauen zur Begrüßung ein Küsschen auf die Wange. Männer bleiben beim Händedruck.*

Wenn Sie eingeladen worden sind, sollten Sie eine Kleinigkeit mitbringen. Es könnten Blumen sein, oder aber eine Packung richtig guter Pralinen oder eine Torte.

**Dag Hilde!**
dach ielde
*hallo Hilde*
Hallo Hilde.

**(Allez) kom binnen.**
(alee) kom bine(n)
*(kommt) komm herein*
Komm rein!

**Stoor ik?**
ßtoer ik
*stör ich*
Stör ich?

**Ja, ik moet weg.**
jak mut wäch
*ja ich muss weg*
Ja ich muss weg.

**Neen, kom maar binnen.**
neen kom maar bine(n)
*nein komm aber herein*
Nein, komm doch rein!

**Amai, ge woont hier schoon!**
amai che woent ier ßchoen
*ach du wohnst hier schön*
Mensch, wohnen Sie schön hier!

**Mag ik uwen mantel hebben?**
mach ik üüwen mantel äbe(n)
*darf ich deinen Mantel haben*
Kann ich Ihren Mantel weghängen?

**Hebt gij het gemakkelijk kunnen vinden?**
äbt chäet chemaklik kün vinde(n)
*habst du es einfach können finden*
Haben Sie es leicht gefunden?

*Mit einem Smartphone können Sie sich die mit einem gekennzeichneten Sätze dieses Kapitels anhören.*

**Zet u!**
sät üüle
*setz dich*
Setzen Sie sich!

**Wilt ge iets drinken?**
wilt che ietß drinke(n)
*willst du etwas trinken*
Möchten Sie etwas trinken?

**Blijft ge nog eten?**
bläeft che noch eete(n)
*bleibst du noch essen*
Bleibst du zum Essen?

**Kan ik iets doen?**
kank ietß dun
*kann ich etwas tun*
Kann ich etwas tun?

**Amai, het is al elf uur*.**
amai tiß al älf üür
*Mensch es ist schon elf Uhr*
Oh, es ist schon elf Uhr.

**Ik moet doorgaan.**
ik mut doerchaan
*ich muss weitergehen*
Ich muss gehen!

**Bedankt voor het lekkere eten*, hé.**
bedankt voert läkere eete(n) ä
*danke für das leckere Essen nicht-wahr*
Danke für das leckere Essen.

**... voor den uitnodiging.**
voer den öetnoediching
*für die Einladung*
... für die Einladung.

**Dat was erg plezant.**
twaß ärch plesant
*das war schlimm nett*
Das war sehr nett.

**Als ge ne keer in Zürich zijt, moet gij maar iets laten weten.**
alß che nekeer in süürich säet mut che maar ietß laate(n) weete(n)
*wenn du ein Mal in Zürich bist musst du aber etwas lassen wissen*
Melde dich, wenn du mal in Zürich bist.

**Geef maar eens uw e-mail adres*.**
cheef maarenß üü iemäjl adräß
*gebe aber einmal E-Mail Adresse*
Gib mir doch mal deine E-Mail Adresse.

Grote Markt in Antwerpen

## Familie & Freunde – familie en vrienden

**Ik heb nog iemand meegebracht.**
käb noch iemand meechebracht
*ich habe noch jemand mitgebracht*
Ich habe noch jemanden mitgebracht.

*Eine besondere Person ist die* kotmadam kotmadam, *eine Dame die möblierte Zimmer an Studenten vermietet.*

**Dat is Kris.**
daß krieß
*das ist Kris*
Das ist Kris.

**Dit is mijn man/vrouw.**
dit iß mäen man/vrau
*dies ist mein Mann/Frau*
Dies ist mein(e) Mann/Frau.

Darauf kann man dann antworten aangenaam aanchenaam *angenehm*.

| | | |
|---|---|---|
| **verloofde** | verloofde | Verlobte(r) |
| **lief*(kes)** | lief | Freund(in) |
| **vriend** | vriend | Freund |
| **vriendin** | vriendin | Freundin |
| **zoon** | soen | Sohn |
| **dochter(s)** | dochter | Tochter |
| **broer(s)** | brur | Bruder |
| **zus** | süß | Schwester |
| **kind*(eren)** | kind | Kind |
| **vader(s)** | vaader | Vater |
| **moeder(s)** | muder | Mutter |
| **ouders** | auderß | Eltern |
| **bomma('s)/oma('s)** | boma/oema | Oma |
| **bompa('s)/opa('s)** | bompa/oepa | Opa |
| **tante('s)** | tante | Tante |
| **nonkel(s)/oom(s)** | nonkel/oom | Onkel |
| **collega('s)** | koleecha | Kollege(-in) |
| **gebuur** | chebüür | Nachbar |

*Achtung! Ein* lief* *ist jemand mit dem man eine Beziehung hat,* vriend *und* vriendin *sind nur gute Freunde!*

*In Klammern stehen die Endung für die unregelmäßige Mehrzahl.*

*Bei Kindern wird auch gern mit* -(e)ke *verniedlicht. Dann ist der Artikel jedoch* het *und die Mehrzahl wird mit* -s *gebildet.*

*Zur Anrede von Onkel und Tante wird auch* matant matont *und* menonkel menonkel *verwendet.*

*Für Oma und Opa hören Sie außerdem noch* mémé meemee *und* pépé peepee.

**Zijt gij getrouwd?**
säet chäe chetraud
*bist du verheiratet*
Sind Sie verheiratet?

**Hebt gij kinderen?**
äbt chäe kinderen
*hast du Kinder*
Haben Sie Kinder?

**Ja, wij zijn al 33 jaar* getrouwd.**
ja wäe säen al drieendärtich jaar chetraud
*ja wir sind schon 33 Jahr verheiratet*
Ja, wir sind schon 33 Jahre verheiratet.

**Neen, ik ben niet getrouwd / gescheiden.**
neen kbän nie chetraud / cheßchäede(n)
*nein ich bin nicht verheiratet / geschieden*
Nein ich bin nicht verheiratet / geschieden.

**Wij zijn verloofd / wonen enkel samen.**
wäe säen verloefd / woenen ängkel saame(n)
*wir sind verlobt / wohnen nur zusammen*
Wir sind verlobt / wohnen nur zusammen.

**Ik heb kennis met een Australiër.**
käb käniß mäten oßtralie-er
*ich habe Bekanntschaft mit ein Australier*
Ich bin mit einem Australier zusammen.

**Hoe oud zijt gij?**
u aud säede chäe
*wie alt bist du*
Wie alt sind Sie ?

**Ik ben 32 (jaar* oud).**
kbän tweeendärtich (jaar aud)
*ich bin 32 (Jahre alt)*
Ich bin 32 (Jahre alt).

## Unterwegs

Damit Sie auch zum Ziel gelangen, müssen Sie sicher einmal nach dem Weg fragen. So finden Sie sich zurecht:

**Pardon, hoe kom ik naar het station*?**
pardon u komik naart ßtaßjon
*pardon wie komme ich nach der Bahnhof*
Entschuldigung, wie komme ich zum Bahnhof?

**Meneer/madam, de grote markt, waar is dat?**
meneer/madam de chroete markt waar iß dat
*Herr/Dame der große Markt wo ist das*
Entschuldigung, wo ist der Marktplatz?

| **links; rechts** | links; rechts | linkß; rächtß |
|---|---|---|
| **hier; ginder/daar** | hier; dort | ier; chiender/daar |
| **buiten; binnen** | draußen; drinnen | böete(n); bine(n) |
| **omhoog; omlaag** | hinauf; hinunter | omhoech; omlaach |

**gij passeert een bareel***
chäe paßeerd en bareel
*du passierst ein Schlagbaum*
Sie fahren an einem Schlagbaum vorbei

**gij pakt de 2e afrit / den E40 richting kust**
chäe pakt de tweeden afrit / den ee veertich richting küßt
*du nimmst die 2. Abfahrt / die E40 Richtung Küste*
Sie nehmen die 2. Ausfahrt / E40 zur Küste

**gij volgt de tramsporen/pijlen/borden**
chäe volcht de tramßpoore(n)/päele(n)/borde(n)
*du folgst den Tramspuren/Pfeile/Schilder*
Sie folgen den Schienen/Pfeilen/Schildern

**gij rijdt/gaat/moet rechtdoor/terug**
chäe räet/chaat/mut rächtdoer/teröch
*du fährst/gehst/musst geradeaus/zurück*
Sie fahren/gehen/müssen geradeaus/zurück

*Mit „links" und „rechts" gibt es noch mehr Verbindungen:*
linkerkant/linkerhand
linkerkant/linkerand
*linke Seite;*
rechterkant/rechterhand
rächterkant/rächterand
*rechte Seite.*

**gij moet rechtsaf/linksaf**
chäe mut rächtßaf/linkßaf
*du musst rechts-ab/links-ab*
Sie müssen rechts ab / links ab

**gij steekt de ring/straat/rivier over**
chäe ßteekt de ring/ßtraat/rivier oever
*du -querst der Ring/Straße/Fluss über-*
Sie überqueren den Ring/die Straße/den Fluss

*In den Klappen finden Sie alle typischen Richtungsangaben mit Verhältniswörtern.*

**Ik ben hier niet bekend.**
kbän ier nie bekänd
*ich bin hier nicht bekannt*
Ich kenne mich hier nicht aus.

**Is het (nog) ver?**
ißt (noch) vär
*ist es (noch) weit*
Ist es (noch) weit?

**Nee, het is heel dichtbij.**
neen tiß eel dichtbäe
*nein es ist sehr nah-bei*
Nein, es ist ganz nah.

**Kunt ge dit op het plan* aanwijzen?**
künt che dit opt plan aanwäese(n)
*kannst du dies auf dem Plan zeigen*
Können Sie das auf der Karte zeigen?

## Unterwegs mit dem Auto

Der Weg nach Belgien führt meist über die autostrade autoßtraade – so nennt man dort die Autobahn. Dabei kann es hilfreich sein, die belgischen Verkehrsdurchsagen auf dem Radio und die Verkehrschilder zu verstehen:

### Hinweisschilder & Verkehrsdurchsage

| | | |
|---|---|---|
| fiele | **file** | Stau |
| vertraachd verkeer | **vertraagd verkeer*** | zähfließender Verkehr |
| omläeding | **omleiding** | Umleitung |
| aanßlöeting | **aansluiting** | Anschlussstelle |
| waaterchladäed | **watergladheid** | Aquaplaning |

**de rechter rijstrook is afgesloten**
de rächter räeßtroek iß afcheßlote(n)
*die rechte Fahrbahn ist abgeschlossen*
die rechte Fahrbahn wurde gesperrt

| | | |
|---|---|---|
| **opgelet** | Achtung! | opchelät |
| **uitrit* vrijlaten** | Ausfahrt freihalten | öetrit vräelaate(n) |
| **gesloten** | geschlossen | cheßloete(n) |
| **uitgezonderd** | ausgenommen | öetchesonderd |
| **drempel** | Verkehrshubbel | drämpel |
| **verkeersplateau*** | Verkehrshubbel | verkeerßplatoe |

**geen doorgaand verkeer***
cheen doerchaand verkeer
*kein durchgehend Verkehr*
kein Durchgangsverkehr

## Parkplatzsuche

Seit der Euroumstellung gibt es Parkautomaten, die auch ein deutsches Menü haben.

| | | |
|---|---|---|
| **parking** | Parkplatz | parking |
| **betalend** | Parken mit Parkschein | betaalend |
| **hier betalen** | hier zahlen | ier betaale(n) |
| **parkeerautomaat** | Parkautomat | parkeerautomaat |
| **gereserveerd** | reserviert | chereeserveerd |
| **volzet** | voll | volsät |

**Waar kan ik hier parkeren?**
waar kanik ier parkeere(n)
*wo kann ich hier parken*
Wo kann ich hier parken?

*Es gibt Parkverbotschilder, mit z. B. der Aufschrift 1-15. Dann darf man vom 1. bis zum 15. des Monats nicht auf dieser Straßenseite parken, wohl aber auf der Gegenüberliegenden.*

**Blijft de garage dag en nacht open?**
bläeft de charaashe dachen nacht oepe(n)
*bleibt die Garage Tag und Nacht offen*
Ist die Parkgarage Tag und Nacht geöffnet?

**Gij moogt hier niet parkeren.**
chäe moecht ier nie parkeere(n)
*du darfst hier nicht parken*
Sie dürfen hier nicht parken.

## Tankstelle

Meist sind es Selbstbedienungstankstellen, aber Sie stoßen durchaus noch auf Tankstellen, wo man Sie bedient.

*Reden die Belgier von Benzin allgemein, nennen sie ihn auch einfach* naft naft *Sprit.*

**Waar is een benzinestation*?**
waar ißen bänsieneßtaßjon
*wo ist eine Benzinstation*
Wo ist eine Tankstelle?

**Doe maar vol.**
du maar vol
*tue aber voll*
Volltanken.

**benzine – euro 95**
bänsiene – öro väevenneechentich
Benzin (95 Oktan, bleifrei)
**super (plus) – euro 98**
ßüüper (plüß) – öro achtenneechentich
Super plus (98 Oktan)

| | | |
|---|---|---|
| **diesel** | diesel | Diesel |
| **LPG** | äl pee chee | Gas |
| **motorolie** | motoroelie | Motoröl |
| **water*** | waater | Wasser |
| **antivries** | antievrieß | Frostschutzmittel |

## Panne – panne/depannage

Die hilfreichsten Sätze für diese Situation:

**Den accu blijkt leeg. Hebt gij startkabels?**
den aküü bläekt leech äbt chäe ßtartkaabelß
*der Akku scheint leer hast du Startkabel*
Die Batterie ist leer. Haben Sie 'n Startkabel?

**Ik ben plat gevallen.**
kbän plat chevale(n)
*ich bin platt gefallen*
Ich habe einen Platten.

**Kunt ge mij misschien helpen?**
künt che mäe meßchien älpe(n)
*kannst du mir vielleicht helfen*
Können Sie mir vielleicht helfen?

**Kunt gij de wegenwacht voor mij bellen?**
künt chäe de weechenwaacht voer mäe bäle(n)
*kannst du die Straßenwache für mich anrufen*
Könnten Sie die Pannenhilfe für mich rufen?

**Ik sta langs de weg nummer* ... vlak bij ...**
kßta langß de wäch nümer ... vlak bäe ...
*ich stehe entlang der Weg Nr. ... in-der-Nähe bei*
Ich stehe an der (Straßennummer) bei ...

**Er is iets mis met den auto.**
erißietß mißmät den auto
*es ist etwas falsch mit dem Auto*
Mit dem Auto ist etwas nicht in Ordnung.

Einkaufsmeile Meir in Antwerpen

**Kunt ge den auto direct herstellen?**
künt che den auto dieräkt ärßtäle(n)
*kannst du das Auto direkt wiederherstellen*
Können Sie das Auto sofort reparieren?

**Hoe lang gaat het duren?**
u lang chaadet düüre(n)
*wie lang geht es dauern*
Wie lange wird es dauern?

## Verkehrsvergehen

**Goedendag. Mag ik uw papieren zien?**
chudendach machk üü papiere(n) sien
*guten-Tag darf ich deine Papiere sehen*
Guten Tag. Darf ich Ihre Papiere sehen?

| | Gij zijt/hebt ... | Sie sind/haben ... |
|---|---|---|
| te rap chereede(n) | ... te rap gereden. | zu schnell gefahren. |
| doer roed chereede(n) | ... door rood gereden. | durch rot gefahren. |
| üüwen chordel nie om | ... uwen gordel niet om. | den Gurt nicht an. |
| faut cheparkeerd | ... fout geparkeerd. | falsch geparkt. |

(Pronunciation of header: chäe säet/äbt)

**Gij krijgt hiervoor 'n boete van ... Euro.**
chäe krächt iervoer nen bute van ...öro
*du bekommst hierfür ein Buße von ... Euro*
Sie bekommen dafür ein Bußgeld von ... Euro.

**Gij moet in het zakske* blazen.**
chäe mut int sakßke blaase(n)
*du musst in das Säckchen blasen*
Sie müssen einmal blasen.

# Bus, Bahn & Co.

Um sich innerhalb der Städte oder zwischen den Städten fortzubewegen, kann es von Vorteil sein, einfach die öffentlichen Verkehrsmittel zu nutzen.

**Waar is hier in de buurt een tramhalte?**
waar iß ier in de büürt en tramalte
*wo ist hier in der Nähe ein Straßenbahnhaltestelle*
Wo ist hier in der Nähe eine Straßenbahnhaltestelle?

| | | |
|---|---|---|
| **metrostation*** | Metrostation | meetroßtaßjon |
| **buskot* / bushalte** | Bushäuschen/-halte | büßkot / büßalte |
| **(Central) station*** | (Haupt)Bahnhof | (ßäntraal) ßtaßjon |
| **tramhalte** | Straßenbahnhalte | tramalte |

**Waar kan ik een ticket kopen?**
waar kanik en tiekät koepe(n)
*wo kann ich ein Ticket kaufen*
Wo kann ich ein Ticket kaufen?

| | | |
|---|---|---|
| **in de bus/tram** | im Bus / in der S-Bahn | in de büß/tram |
| **aan het station*** | am Bahnhof | aant ßtaßjon |
| **aan het loket*** | am Schalter | aant lokät |
| **aan den automaat** | am Automaten | aan den automaat |

**Naar het centrum* / Leuven alstublieft.**
naaret ßäntrüm / löwe(n) aßteblieft
*nach das Zentrum / Löwen bitte*
Zum Zentrum / nach Löwen, bitte.

| | | |
|---|---|---|
| tiekät/biljät | **ticket*/biljet*** | Fahrkarte/Ticket |
| ängkele räeß | **enkele reis** | einfache Fahrt |
| heen en tröch | **heen en terug** | hin und zurück |
| tien riten kaart | **10-rittenkaart** | 10-Fahrten-Karte |
| dachkaart | **dagkaart** | Tageskarte |
| eerßte/tweede klaße | **1./2. klasse** | 1./2. Klasse |

**Geeft gij korting voor kinderen/studenten?**
cheeft chäe korting voer kindere(n)/ßtüdänte(n)
*gibst du Kürzung für Kinder/Studenten*
Geben Sie Rabatt für Kinder/Studenten?

*In Flandern sind Straßenbahnen und Busse alle vereint in einer Firma:* De Lijn.

**Welke lijn gaat naar het station*?**
wälke läen chaat naart ßtaßjon
*welche Linie geht zu der Bahnhof*
Welche Linie geht zum Bahnhof?

*Die schnellsten Züge in Belgien sind der* Thalys *und der* Eurostar.

**Op welk spoor* vertrekt hij / komt hij toe?**
op wälk ßpoer verträktäe / komtäe tu
*auf welch Spur fährt-ab er / kommt er zu*
An welchem Gleis fährt er ab / kommt er an?

| | | |
|---|---|---|
| **tram** | tram | Straßenbahn |
| **metro** | meetro | U-Bahn |
| **bus** | büß | Bus |
| **trein** | träen | Zug |
| **direct** | dieräkt | Direktzug |
| **perron*** | peeron | Bahnsteig |

**Weet ge wanneer de bussen rijden?**
weet che waneer de büße(n) räede(n)
*weißt du wann die Busse fahren*
Wissen Sie, wann die Busse fahren?

| | | |
|---|---|---|
| **om het (half) uur*** | (halb)stündlich | omt (alf) üür |
| **om het kwartier*** | viertelstündlich | omt kwartier |
| **om de tien minuten** | alle zehn Minuten | om de tien mienüüte(n) |

**Is er een aansluiting naar Mechelen?**
ißeren aanßlöeting naar mächele(n)
*ist da ein Anschluss nach Mechelen*
Gibt es einen Anschluss nach Mechelen?

**Waar moet ik overstappen/afstappen?**
waar mutik oeverßtape(n)/afßtape(n)
*wo muss ich umsteigen/aussteigen*
Wo muss ich umsteigen/aussteigen?

**Kunt gij een teken* doen wanneer we er zijn?**
künt chäe en teeken dun waneer we er säen
*kannst du ein Zeichen tun wann wir da sind*
Geben Sie mir Bescheid, wenn wir da sind?

**Uw kaartje* alstublieft.**
üü kaartshe aßteblieft
*dein Kärtchen bitte*
Ihre Fahrkarte bitte.

**Gij moet uw kaartje* nog afstempelen.**
chäe mut üü kaartshe noch afßtämpele(n)
*du musst dein Kärtchen noch abstempeln*
Sie müssen Ihre Fahrkarte noch abstempeln.

**Gij zit in de verkeerde trein.**
chäe sit in de verkeerdc träen
*du sitzt in der verkehrten Zug*
Sie sitzen im falschen Zug.

*Achtung: In Brüssels Metrostationen wird nur Französisch gesprochen!*

*Wenn Sie alles selbst auf dem Fahrplan nachschauen: Aufgepasst, es gibt immer zwei, einen für* weekdagen *„Wochentage" und einen für* zaterdag, zondag en feestdagen *„Samstag, Sonntag und Feiertage"!*

# Unterkunft

Eine passende Unterkunft findet sich in den touristischen Gegenden immer:

| | | |
|---|---|---|
| otäl | **hotel*(s)** | Hotel |
| chaßtekaamer | **gastenkamer(s)** | Fremdenzimmer |
| bäden bräkfeßt | **bed and breakfast** | Fremdenzimmer |
| jöchdärbärch | **jeugdherberg** | Jugendherberge |
| vakanßie apartemänt | **vakantiewoning** | Ferienwohnung |
| bünchaloe | **bungalow(s)** | Ferienhütte |
| kamping | **camping(s)** | Campingplatz |

**Ik heb een kamer gereserveerd.**
käben kaamer chereeserveerd
*ich habe ein Zimmer reserviert*
Ich habe ein Zimmer reserviert.

*Mit einem Smartphone können Sie sich die mit einem gekennzeichneten Sätze dieses Kapitels anhören.*

**Wat is uwen naam?**
watiß üüwen naam
*was ist dein Name*
Wie heißen Sie?

**Mijn naam is ...**
mäen naam iß
*mein Name ist*
Mein Name ist ...

**Hebt gij nog een kamer vrij?**
äbt chäe nochen kaamer vräe
*hast du noch ein Zimmer frei*
Haben Sie noch ein Zimmer frei?

**Voor hoeveel nachten?**
voer uveel nachte(n)
*für wie-viel Nächte*
Für wie viele Nächte?

**Ik had graag een (rustige) kamer met ...**
kad chraach en (rüßtiche) kaamer mät
*ich hätte gern ein (ruhiges) Zimmer mit*
Ich hätte gern ein (ruhiges) Zimmer mit ...

| | | |
|---|---|---|
| **éénpersoonsbed*** | Bett für eine Person | eenperßoenßbäd |
| **dubbelbed*** | Doppelbett | dübelbäd |
| **extra bed*** | zusätzliches Bett | äkßtra bäd |
| **douche('s)/stortbad*** | Dusche | dusch/ßtortbad |
| **onbijt*(buffet*)** | Frühstück(büffet) | ontbäet(büfät) |
| **diner*('s)** | Abendessen | dienee |

**Hoeveel kost de kamer / het?**
uveel koßt de kaamer / et
*wie-viel kostet das Zimmer / es*
Wie viel kostet das Zimmer / es?

**Wilt gij dit formulier* invullen.**
wilt chäe dit formüülier invüle(n)
*willst du dieses Formular ausfüllen*
Würden Sie bitte dieses Formular ausfüllen.

**Uw kamer is op het eerste verdiep* links, nr 7.**
üü kaamer iß opteerßte verdiep linkß nümer seeve(n)
*Ihr Zimmer ist auf der erste Stock links Nr 7*
Ihr Zimmer ist im ersten Stock links, Nr. 7.

| | | |
|---|---|---|
| **gelijkvloers** | cheläekvlurß | im Erdgeschoss |
| **de trap op** | de trap op | die Treppe rauf |
| **met de lift** | mät de lift | mit dem Fahrstuhl |
| **eetzaal** | eetsaal | Speisesaal |
| **receptie('s)** | reeßäpßie | Rezeption |
| **sleutel(s)** | ßlöetel | Schlüssel |

**Hoe laat is het ontbijt*/diner*?**
ulaat ißt ontbäet/dienee
*wie spät ist das Frühstück/Abendessen*
Wann ist das Frühstück/Abendessen?

**Wilt gij mij astublieft om 7 uur* wakker maken?**
wilt chäe mäe aßteblieft om seeve üür waker maake(n)
*willst du mich bitte um 7 Uhr wach machen*
Können Sie mich um 7 Uhr wecken bitte?

**Ik heb (een) ... nodig.**
käb (en) ... noedich
*ich habe (ein) ... nötig*
Ich brauche (ein) ...

**Er mankeert een ...**
er mangkeerten
*es fehlt ein*
Es fehlt ein ...

| | | |
|---|---|---|
| **kussen*(s)** | küße(n) | Kissen |
| **deken(s)** | deeke(n) | Bettdecke |
| **sprei** | ßpräe | Wolldecke |
| **handdoek** | andduk | Handtuch |
| **sloop** | ßloep | Bezug |
| **tandenborstel(s)** | tandeborßtel | Zahnbürste |
| **tandpasta(s)** | tandpaßta | Zahnpasta |

## Camping

Es gibt genügend Campingplätze von Luxusklasse bis einfacheren Einrichtungen beim Bauern auf dem Hof.

**Hebt ge nog plaats voor een ...**
äbt che noch plaatß voeren
*hast du noch Platz für ein*
Haben Sie noch Platz für ein ...

| | | |
|---|---|---|
| **auto met caravan** | Auto + Wohnwagen | auto mät karavan |
| **campingcar/mobilhome** | Wohnmobil | kampingkar/mobielhowm |
| **tent** | Zelt | tänt |

**Alles is volzet.**
aleß iß volsät
*alles ist besetzt*
Es ist alles besetzt.

**Hebt gij ook (een) ...?**
äbt chäe oek (en)
*hast du auch (ein)*
Haben Sie auch (eine) ...?

| | | |
|---|---|---|
| **zwembad*** | swämbad | Schwimmbad |
| **winkel(s)** | wingkel | Geschäft |
| **butan*** | büütaan | Butan |
| **petroleum*** | peetroleeüm | Petroleum |
| **spiritus** | ßpierietüß | Spiritus |

**Is het water* / den elektriek inbegrepen?**
ißtwaater / den eeläktriek inbechreepe(n)
*ist das Wasser / die Elektrik einbegriffen*
Ist Wasser/Elektrizität inklusive?

## Toilette

In Brüssel müssen Sie in schickeren Lokalen meist eine Toilettenfrau bezahlen. Der Preis steht angeschrieben.

| | | |
|---|---|---|
| **toilet*** | twalät | Toilette |
| **wc('s)** | weeßee(ß) | WC('s) |
| **dames** | daameß | Damen |
| **heren** | heere(n) | Herren |
| **papierdoekskes** | papierendukßkeß | Handtücher |

**Waar is het toilet* / de WC?**
waar iß et twalät / de weesee
*wo ist die Toilette / das WC*
Wo ist die Toilette / das WC?

**Het toiletpapier* is op.**
et twalätpapier iß op
*das Toilettenpapier ist alle*
Das Toilettenpapier ist alle.

**Waar kan ik mijn handen wassen?**
waar kanik mäen ande(n) waße(n)
*wo kann ich meine Hände waschen*
Wo kann ich meine Hände waschen?

## Kulinarische Genüsse

Belgien ist ganz gewiss ein Land der Feinschmecker. Dazu gehören die exzellenten belgischen Biere, feinste Pralinen-Kunst, große Töpfe mit Miesmuscheln, Schikoree in Schinken gerollt mit Käsesoße, ... ich kann und werde Ihnen die herrlichen lukullischen Spezialitäten der netten Nachbarn vorstellen. Zunächst also Pommes frites ganz traditionell in einer spitzen Tüte.

**Een klein/groot pakske* met mayonnaise.**
en kläen/chroet pakßke mät majonäes
*ein kleiner/großer Fritten mit Majonäse*
Eine kleine/große Portion Fritten mit Majo.

Café vis-à-vis der Onze-Lieve-Vrouwekathedraal, Antwerpen

## frituur/frietkot* – Pommesbude

Hier bekommen Sie auch eine Vielzahl an neuen Snacks, ich beschränke mich aber auf die traditionellen Spezialitäten:

| | | |
|---|---|---|
| **frieten/frietjes** | Pommes frites | friete(n)/frietshes |
| **zakske*/pakske*** | Tüte/Paket | sakßke/pakßke |
| **mayonnaise** | Majonäse | majonäes |
| **mosterd; pickels** | Senf; Essig-Senfsoße mit Silberzwiebeln + Gurken | moßterd; piekelß |
| **tartaar(saus)** | Tatarsoße | tartaar(ßauß) |
| **américain** | pikante rote Soße | ameeriekã |
| **cocktailsaus** | Cocktailsoße | koktäjlßauß |
| **andalouse** | pikante Cocktailsoße | andalus |
| **tomateketchup** | Tomatenketchup | tomate(kätschöp) |
| **looksaus** | Knoblauchsoße | loekßauß |
| **kaas-/kipkroket** | Käse-/Hühnchenkrokette | kaaß-/kipkrokät |
| **garnaalkroket** | Garnalenkrokette | charnaalkrokät |
| **vleeskroket** | Fleischkrokette | vleeßkrokät |
| **boulette/frikadel** | Frikadelle | bulät/frikadäl |
| **stoofvlees*** | Gulasch | ßtoefvleeß |
| **cannibaal** | Brötchen mit Tartar | kaniebaal |
| **croque** | Toast mit Käse-Schinken, oder anderen Varianten | krok |

**Is het voor hier of om mee te nemen?**
ißt voer ier of om meeteneeme(n)
*ist es für hier oder um mit zu nehmen*
Zum Mitnehmen oder hier essen?

## restaurant – Restaurant

Cafés bei der Sint-Rombautskathedraal, Mechelen

Wenn Sie nach einem Tisch fragen müssen:

**Voor twee personen, alstublieft.**
voer twee perßoene(n) aßteblieft
*für zwei Personen bitte*
Für zwei Personen, bitte.

**Mag ik de kaart, alstublieft?**
machik de kaart aßteblieft
*darf ich die Karte bitte*
Die Speisekarte, bitte.

**Hebt ge een (dag)menu* / dagschotel?**
äbtche en (dach)meenüü /dachßchoetel
*hast du ein (Tages)Menü / Tagesgericht*
Haben Sie ein (Tages-)Menü / Tagesgericht?

**Wij zouden graag bestellen.**
wäe saude(n) chraach beßtäle(n)
*wir würden gerne bestellen*
Wir würden gerne bestellen.

**Ik had graag het witloof met hesp.**
kad chraach et witloef mädäßp
*ich hätte gern der Schikoree mit Schinken*
Ich hätte gern den Schikoree mit Schinken.

**Ik had liever pataten in de plaats van frietjes.**
kad liever patate(n) in de plaatß van frietsheß
*ich hätte lieber Kartoffeln in der Platz von Fritten*
Ich hätte lieber Kartoffeln anstelle der Pommes frites.

**Is er een vegetarisch gerecht*?**
iß er een veechetaarieß cherächt
*ist da ein vegetarisches Gericht*
Haben Sie auch vegetarische Gerichte?

**Smakelijk!**
ßmaakelek
*schmackhaft*
Guten Hunger!

**Bon appetit!**
bon apetie
*guten Appetit*
Bon Appetit!

**Is alles naar wens?**
iß aleß naar wänß
*ist alles nach Wunsch*
Ist alles in Ordnung?

**Heeft het gesmaakt?**
eeftet cheßmaakt
*hat es geschmeckt*
Hat es geschmeckt?

**Heel goed.**
eel chu
*sehr gut*
Sehr gut!

**Het was heel lekker!**
twaß eel läker
*es war sehr lecker*
Es war sehr lecker!

**Zouden wij wat water* kunnen krijgen?**
saude wäe wat waater küne(n) kräeche(n)
*würden wir was Wasser können bekommen*
Könnten wir etwas Wasser bekommen?

Nun aber nun dazu, was es denn zu bestellen gibt. Stellen Sie Ihre Mahlzeit zusammen:

# Kulinarische Genüsse

## entree/voorgerecht – Vorspeise

äntree/voercherächt

| Aussprache | Niederländisch | Deutsch |
|---|---|---|
| koenichinehapje | **koninginnenhapje*** | Blätterteigpastete gefüllt mit Hähnchen |
| kaude plaa | **koude plat** | kalte Platte |
| patee | **paté** | Leberpastete |
| ßalaade/ßlatje | **salade/slaatje*** | Salat |
| ßup (van de dach) | **soep (van de dag)** | (Tages-)Suppe |
| kaud/warm/lau | **koud/warm/lauw** | kalt/warm/lauwarm |

## hoofdgerecht – Hauptgericht

oofdcherächt

seewße moßelen

Zeeuwse mosselen sind wirklich die leckersten Miesmuscheln. Der Profi lässt seine Gabel links liegen und benutzt eine leere Muschel als eine Art „Kneifzange" zum Essen.

## vis en zeevruchten – Fisch & Meeresfrüchte

vißen seevrüchten

| Aussprache | Niederländisch | Deutsch |
|---|---|---|
| moßelen natüür | **mosselen natuur** | gedämpfte Muscheln mit Lauch, Zwiebeln |
| mät wite wäen/ | **met witte wijn/** | mit Weißwein/ |
| roem/loek | **room/look** | Sahne/Knoblauch |
| baarß; tonäen | **baars; tonijn** | Barsch; Thunfisch |
| tomat charnaal | **tomat garnaal** | Tomate gefüllt mit grauen Krabben |
| kreeft; ußterß | **kreeft; oesters** | Hummer; Austern |
| paaling (int chruen) | **paling (in't groen)** | Aal (in Kräutersoße) |
| pladäeß; roch | **pladijs; rog** | Scholle; Rochen |
| ßnuk; tarboe | **snoek; tarbot** | Hecht; Steinbutt |
| tong; wäeting | **tong; wijting** | Seezunge; Wittling |
| roese/wite/ | **roze/witte/** | rosa/weißer/ |
| cheroekte salm | **gerookte zalm** | geräuchter Lachs |

## gevogelte – Geflügel

| | | |
|---|---|---|
| **duif; fazant** | döef; fasant | Taube; Fasan |
| **eend; gans** | eend; chanß | Ente; Gans |
| **kieken*/kip** | kieken/kip | Huhn |
| **kalkoen** | kalkun | Truthahn |
| **kwartel** | kwartel | Wachtel |
| **parelhoen*** | paarelhun | Perlhuhn |

*Ebenfalls beliebt ist das Edelhuhn* Mechelse koekoek mächelße kukuk.

## vlees en wild – Fleisch & Wild

| | | |
|---|---|---|
| **varkensvlees*** | varkenßvleeß | Schweinefleisch |
| **everzwijn*** | eeverswäen | Eberschwein |
| **speenvarken*** | ßpeenvarke(n) | Spanferkel |
| **rundvlees*** | ründvleeß | Rindfleisch |
| **kalfsvlees*** | kalfßvleeß | Kalbfleisch |
| **paardenvlees*** | paardenvleeß | Pferdefleisch |
| **konijn; haas** | konäen; haaß | Kaninchen; Hase |
| **lam*; os** | lam; oß | Lamm; Ochse |
| **hert/ree*** | ärt/ree | Reh |
| **escargots** | äßkarchoeß | Schnecken |
| **kikkerbillekes** | kikerbilekeß | Froschschenkel |

*Da in Belgien so viele Biere gebraut werden, wird ebenso gern mit Bier gekocht wie mit Wein. Das gilt vor allem bei Wild, Kanichen und Rindfleisch!*

**Hoe mag dat gebakken zijn?**
u mach da chebake säen
*wie darf das gebacken sein*
Wie möchten Sie Ihr Fleisch?

| | | |
|---|---|---|
| **bleu** | fast roh | blö |
| **saignant** | innen blutig | ßänõ |
| **rose** | innen noch rosa | ros |
| **à point** | gerade richtig | apwã |
| **goed doorbakken** | durchgebraten | chu doerbake(n) |

hütßepot
potsheßvleeß

Jetzt gilt es die Details über Qualität und Zubereitung zu deuten, z. B. hutsepot aus Kartoffeln, Möhren, Schweinefleisch und gewürzt mit Senf, oder potjesvlees, ein Ragout aus Kalb, Huhn und Kaninchen.

*Aus dem Englischen oder Französischen erkennen Sie diese bestimmt wieder:* biefstuk* bießtük *Beefsteak;* rosbief* roßbief *Roastbeef;* steak tartare* ßteek tartaar *Gehacktsteak;* rumsteak* rümßteek *Rumpsteak;* entrecôte* ontrekoet *Lendensteak.*

| | | |
|---|---|---|
| **ribbetje*** | ribetshe | Rippchen |
| **blinde vink** | blinde vink | Kalbsroulade |
| **filet d'Anvers*** | fielee donvär | Pferdefleisch |
| **hazepeper** | haaßepeeper | Hasenrücken |
| **gebraad*** | chebraad | Braten |
| **kipkap/gehakt*** | kipkap/chehakt | Gehacktes |
| **saucies/worst** | ßoßieß/worßt | Wurst |
| **beuling** | böeling | Blutwurst |
| **stoofvlees** | ßtoefvleeß | Schmorfl. |
| **stoemp** | ßtump | Eintopf |
| **stoverij** | ßtoeveräe | Eintopf |
| **borst; bout** | borßt; baut | Brust; Bein |
| **tong; hart** | tong; hart | Zunge; Herz |
| **staart** | ßtaart | Schwanz |
| **lever; niertjes** | leever; niertsheß | Leber; Niere |

chrunte

## groenten – Gemüse

chevüld
mätäßpen kaaßßauß

Der Klassiker ist witloof* – gevuld *gefüllt* als Vorspeise oder als Hauptgang met hesp en kaassaus *mit Schinken und Käsesoße.* Und dazu:

| | | |
|---|---|---|
| patatan/aardapelen | **patatten/aardappelen** | Kartoffeln |
| natüür/chekoekt | **natuur/gekookt** | gekocht |
| püüree; krokäten | **puree; kroketten** | Püree; Kroketten |
| chratã dofienwa | **gratin dauphinois** | Kartoffelgratin |
| räeßt; paßta | **rijst; pasta** | Reis; Pasta |

| | | |
|---|---|---|
| **ajuin/ui*; sjalotje*** | Zwiebel; Schalotte | ajöen/öe; schalotshe |
| **andijvie; salade** | Endivie; Salat | andäevie; ßalaade |
| **artisjokken** | Artischocken | artieschoken |
| **asperge; witloof*** | Spargel; Schikoree | aßpärshe; witloef |
| **aubergine; courgette** | Aubergine; Zucchini | obershiene; kurshäte |
| **augurk; komkommer** | Gewürzgurke; Gurke | auchürk; komkomer |
| **(rode) bieten; selder** | (rote) Beete; Sellerie | (roede) bieten; ßälder |
| **bloemkool; broccoli** | Blumenkohl; Brokkoli | blumkoel; brokolie |
| **rode/witte kool** | Rot-/Weißkohl | roede/wite koel |
| **groene/zuur kool** | Grünkohl/Sauerkraut | chrune/süürkoel |
| **(princes)boontjes** | (Prinzess)bohnen | (prinsäß)boentsheß |
| **(dop)erwten** | Erbsen | (dop)ärten |
| **karotten/wortelkes** | Karotten | karoten/wortelkeß |
| **champignons** | Champignons | schampjonß |
| **paddestoel/zwam** | Pilz | padeßtul/swam |
| **paprika; prei** | Paprika; Lauch | paaprieka; präe |
| **patisson; pompoen** | Kürbis | patießon; pompun |
| **radijs; tuinkers** | Radieschen; Kresse | radäeß; töenkärß |
| **spinazie; spruitjes** | Spinat; Rosenkohl | ßpienaasie; ßpröetsheß |
| **tomat; venkel** | Tomate; Fenchel | tomat; vängkel |

## dessert/nagerecht – Nachtisch

deeßär/naacherächt

| | | |
|---|---|---|
| **pannekoek; wafel** | Pfannkuchen; Waffel | panekuk; waafel |
| **gebak*/koek; taart** | Gebäck; Kuchen | chebak/kuk; taart |
| **flap/beignet** | -tasche, z. B. Apfel- | flap/bänjee |
| **vlaai** | Kuchen à la Limburg | vlaaj |
| **ijskreem*/ijsje*** | Eiscreme | äeßkreem/äesche |
| **vers; geflambeerd** | frisch; flambiert | värß; cheflambeerd |
| **confituur; frangipane** | Konfitüre; Marzipan | konfietüür; franshepan |
| **(bruine) suiker** | (brauner) Zucker | (bröene) ßöeker |
| **bloemsuiker** | Puderzucker | blumßöeker |
| **boter; slagroom** | Butter; Sahne | boeter; ßlachroem |

| | | |
|---|---|---|
| fröet(ßla) | **fruit*(sla)** | Obst(salat) |
| abriekoeß; pröem | **abrikoos; pruim** | Abrikose; Pflaume |
| ananaß; meelun | **ananas; meloen** | Ananas; Melone |
| peer; päsch/pärsiek | **peer; pêche/perzik** | Birne; Pfirsich |
| apel(ßien) | **appel(sien)** | Apfel(sine) |
| ßietrun; mandarien | **citroen; mandarine** | Zitrone; Mandarine |
| pompelmuß | **pompelmoes** | Pampelmuse |
| bäße(n) | **bessen** | Beeren |
| aardbäe; fräes | **aardbei/fraise** | Erdbeere |
| kärßen; krieke(n) | **kersen; krieken** | Kirschen; Sauerkirsch. |
| framboese(n) | **frambozen** | Himbeeren |
| dröeve(n); rosäene(n) | **druiven; rozijnen** | Weintrauben; Rosinen |
| (haasel-/wal-)noetsheß | **(hazel-/wal)nootjes** | (Hasel-/Wal)nüsse |

ontbäet än boeteram

## ontbijt en boterham – Frühstück & Brot

Wenn Sie nicht im Hotel oder Café frühstücken, können Sie nach Geschäftsschluss auch in (fast) jedem Dorf ein Brot aus dem broodautomaat *Brotautomat* ziehen. (broedautomaat)

| | | |
|---|---|---|
| broed | **brood*** | Brot |
| bröen/wit/chrof | **bruin/wit/grof** | braun/weiß/grob |
| bagät/ßtokbroed | **baguette/stokbrood*** | Stangenbrot |
| piekolo | **picolo** | längliches Brötchen |
| pießtolee | **pistolet** | rundes Brötchen |
| ßandwitsch | **sandwich** | Brötchen ohne Kruste |
| krwaßã | **croissant** | Croissant |
| schokolaadekuk | **chocoladekoek** | Schokocroissant |
| kräntebol | **krentenbol** | Rosinenbrötchen |
| kräntebroed | **krentenbrood*** | Rosinenbrot |
| kuke/ßöekerbroed | **koeke-/suikerbrood*** | Zuckerbrot |
| peeperkuk | **peperkoek** | Pfefferkuchen |

| | | |
|---|---|---|
| **hesp/ham** | Schinken | äßp/ham |
| **gekookt; gerookt** | gekocht; geräuchert | chekoekt, cheroekt |
| **américain (préparé)** | eine Art Tartar | ameeriekã (preeparee) |
| **cervela/salami** | Salami | ßärvelaa/ßalaamie |
| **lookworst** | Knoblauchsalami | loekworßt |
| **krab-/vleessla** | Krabben-/Fleischsalat | krab-/vleeßßlaa |
| **paté** | Leberwurst | patee |
| **(komijne)kaas** | (Kümmel)käse | (komäene) kaaß |
| **smeerkaas** | Schmierkäse | ßmeerkaaß |
| **margarine** | Margarine | marchariene |
| **muizestrontjes** | Schokostreusel | möeseßtrontjsheß |
| **chocopasta** | Schokoaufstrich | schokopaßta |
| **honing** | Honig | oening |
| **appelstroop/siroop** | Apfelkraut | apelßtroep/ßieroep |
| **plattekaas** | Quark | platekaaß |
| **yoghurt natuur** | Jogurt | juchurt natüür |
| **melk** | Milch | mälk |
| **müsli; cornflakes** | Müsli; Cornflakes | müüßlie; koernfläekß |
| **(gebakken) ei(tje)*** | (Spiegel)Ei | (chebaken) äe(tshe) |
| **zachtgekookt** | weichgekocht | sacht chekoekt |
| **hardgekookt** | hartgekocht | ard chekoekt |
| **spek* met eieren** | Ei mit Speck | ßpäk mät äeren |
| **roereitje*** | Rührei | ruräetshe |
| **omelet* (natuur)** | Omlette | omelät (natüür) |

## Reklamation

Zum Reklamieren müssen Sie erst einmal auf sich aufmerksam machen. Wenn es mit Augenkontakt und leichtem Handheben nicht funktioniert, kann man einfach **hé** hee *Hey* rufen. In besseren Lokalen sollten Sie jedoch etwas höflicher rufen:

*garçon kann man übrigens auch rufen, wenn es eine Frau ist!*

**Hé juffrouw/meneer!**
ee jüfrau/meneer
*hey Fräulein/Herr*
Hey Fräulein/Kellner!

**Garçon!**
garßõ
*Junge*
Kellner/Ober!

**Pardon, maar er mankeert bestek*.**
pardon maar er mangkeert beßtäk
*Entschuldigung aber dort fehlt Besteck*
Entschuldigung, es fehlt Besteck.

| | | |
|---|---|---|
| **tas/kop** | taß/kop | Tasse |
| **fersjet/vork** | ferschät/vork | Gabel |
| **mes*** | mäß | Messer |
| **taloore/bord*** | taloer/bord | Teller |
| **serviette** | ßärvjät | Serviette |
| **peper; zout*** | peeper; saut | Pfeffer; Salz |
| **asbak** | aßbak | Aschenbecher |

**Mag ik een andere lepel hebben?**
machik nenandere leepel äbe(n)
*darf ich ein andere Löffel haben*
Kann ich einen neuen Löffel bekommen?

**Het/de ... is taai/koud/niet gaar/niet proper.**
et/de ... iß tai/kaud/nie chaar/nie proeper
*der/die/das ... ist zäh/kalt/nicht gar/nicht sauber*
Der/die/das ... ist zäh/kalt/nicht gar/nicht sauber.

**Ik heb mijn gerecht* nog niet gekregen.**
käb mäen cherächt noch nie chekreeche(n)
*ich habe mein Gericht noch nicht bekommen*
Ich habe mein Gericht noch nicht bekommen.

## Die Rechnung

**Ik zou graag afrekenen.**
ksau chraach afreekene(n)
*ich möchte gern abrechnen*
Ich möchte zahlen.

**De rekening a.u.b.**
de reekening aßteblieft
*die Rechnung bitte*
Die Rechnung bitte.

*Gibt man absichtlich mehr Geld, sagt man* Het is juist. tiß shüßt – *„Es stimmt so." Üblich ist ein* drinkgeld* drinkchäld *„Trinkgeld" von 10%.*

**De rekening klopt niet.**
de reekening kloptnie
*die Rechnung stimmt nicht*
Die Rechnung stimmt nicht.

**Wij hadden enkel één water*, niet twee.**
wäe aden ängkel een waater nie twee
*wir hatten nur ein Wasser, nicht zwei*
Wir hatten nur ein Wasser, nicht zwei.

# Bier, Kaffee & Co.

Falls Sie der Meinung sind, Deutschland sei das Bierland, werden Sie feststellen, dass es in Belgien viel mehr Biersorten und Biertrinker gibt. Hier trinkt Jung und Alt, männlich und weiblich zu jeder Gelegenheit – auch beim Mittagessen – sein Lieblingsbier.

| | | |
|---|---|---|
| **bier*** | bier | Bier |
| **pint(je*)** | pient(she) | Glas Bier |
| **van't vat*** | vant vat | vom Fass |
| **flessenbier*** | fläßenbier | Flaschenbier |
| **panaché** | panaschee | Bier und Limo |

bolleke boleke *ist ein Spitzname für das* De Koninck-*Bier aus Antwerpen, weil das Glas so schön bauchig ist.*

*In einem Cafe oder einer Kneipe finden Sie auch kleine Häppchen auf der Karte, die man zum Bier geniesst:* portie kaas of salami *Portion Käse oder Salami,* gemengd *gemischt,* nootjes *Nüsse,* olijven *Oliven,* chips (zout of paprika) *Chips (gesalzen oder Paprika).*

*Statt Bier bestellt der ein oder andere Hartgesottene auch einen* genever shenecver *„Genever" – entweder* graanjenever *oder* fruitjenever, *vor allem* citroenjenever *ist in Belgien beliebt.*

**witbier*/witteke*/blanche** witbier/witeke/blõsch – Weiß-/Weizenbier
**pils*** pilß – untergäriges Bier
**lambiek** lambiek – Bier mit Fassgärung
**kriek** kriek – Bier mit Fassgärung und Sauerkirschen gebraut
**framboise** frombwaas – Bier mit Fassgärung und Himbeeren gebraut
**gueuze** chöse – Mischung aus 85% altem & 15% jungem Lambiek, dadurch fruchtig
**dubbel** dübel – Bier mit zweifacher Gärung
**tripel** tripel – Bier mit dreifacher Fermentierung
**blond** blond – „blond" = helles Bier
**bruin** bröen – „braun" = dunkles Bier
**trappist** trapießt – eines der weltweit sieben Biere des Trappistenordens; fünf in Belgien: Orval, Chimay, Rochefort, West-Vleteren, Westmalle.
**abdijbier*** abdäebier – Klosterbier
**rood bier*** roed bier – „rotes Bier" gibt es nur von der Brauerei Rodenbach in Roeselare
**bovengistend** boevenchißtend – obergärig
**ondergistend** onderchißtend – untergärig

**Twee pilsjes alstublieft.**
twee pilßjeß aßteblieft
*zwei Pils bitte*
Zwei Pils bitte.

| **Schol!** | **Santé!** | **Op uw gezondheid!** |
|---|---|---|
| ßchol | ßontee | op üü chesondäed |
| *Prost* | *Gesundheit* | *auf Ihre Gesundheit* |
| Prost! | Prost! | Auf Ihre Gesundheit! |

Egal ob man Bier oder Kaffee möchte, man nennt sowohl Kneipe als auch Café im Flämischen immer café*! Auf den Schildern an den Lokalen steht jedoch Verschiedenes.

*Die Kaffee-und-Kuchen-orientierten Lokale sind* tearoom, koffiehuis* *und zum Eis essen ist es der* ijssalon. *Eher alkoholisch bestückt sind* taverne *und* brasserie, *wo man Herzhaftes essen kann. Dann gibt es noch ganz allgemein den Ausdruck* terasskes, *der eine Ansammlung von* café's *meint, die auch draußen Tische und Stühle haben. Das Augenmerk auf Bier liegt natürlich in der* brouwerij *oder dem* bierhuis*.

## wijn – Wein

Im Regelfall werden Sie keine belgischen Weine auf der Weinkarte entdecken. Aber es gibt einige wenige, z. B. Borgloon, Hageland, Hoei, Hoeilaart, Overijse, Genoelselderen, Torgny.

**Mag ik alstublieft de wijnkaart zien?**
machik aßteblieft de wäenkaart sien
*darf ich bitte die Weinkarte sehen*
Die Weinkarte, bitte.

| | | |
|---|---|---|
| **witte wijn** | wite wäen | Weißwein |
| **rode wijn** | roede wäen | Rotwein |
| **rosé (wijn)** | rosee (wäen) | Rosé(wein) |
| **huiswijn** | öeßwäen | Hauswein |
| **droog/zoet** | droech/sut | trocken/süß |
| **champagne** | schampanje | Champagner |

**Wie zou de wijn proeven?**
wie sau de wäen pruve(n)
*wer sollte den Wein kosten*
Wer probiert den Wein?

**Wat wilt ge drinken?**
wat wilt che dringke(n)
*was möchtest du trinken*
Was möchten Sie trinken?

| **Voor mij niks, dank u.** | **Ik had graag een ...** |
|---|---|
| voer mäe nikß dankü̈ | kad chraach en ... |
| *für mich nichts danke dir* | *ich hätte gern ein ...* |
| Für mich nicht, danke. | Ich hätte gern ein/e ... |

*Typisch belgische Markenprodukte, die Sie vielleicht nicht kennen, sind: Gini - ein Mittelding zwischen Sprite und Schweppes Tonic. Fristi ist ein Jogurtgetränk mit Fruchtgeschmack – besonders bei Kindern beliebt. Außer Fanta gibt es noch andere Orangenlimonaden, unter anderem Parasol, Orangina, Chaudfontaine, Spa.*

| | | |
|---|---|---|
| **kan(neke*)** | kan(eke) | Kännchen |
| **tas/kop(ke*)** | taß/kop(ke) | Tasse |
| **glas*(ke*)** | chlaß/chlaaseke | Glas |
| **fles(ke*)** | fläß(ke) | Flasche |
| **karaf** | karaf | Karaffe |
| **kwart liter** | kwart lieter | Viertelliter |
| **halve liter** | alwe lieter | halber Liter |
| **kurkentrekker** | körkenträker | Korkenzieher |

## Wasser, Limonade & Saft

Wenn Sie nach water* waater *Wasser* fragen, bekommen Sie gutes Leitungswasser in einer Karaffe. Wenn Sie Mineralwasser haben möchten, finden Sie die Sprudelnden unter bruisend water* auf der Karte, man sagt aber meist spuitwater* ßpöetwaater. Möchten Sie plat water* plat waater, also stilles Wasser, sollten Sie die entsprechende Marke von der Karte bestellen (meist bläuliches Etikett).

| | | |
|---|---|---|
| fröetßap | **fruitsap*** | Saft (meist O-Saft) |
| apelßienßap | **appelsiensap*** | Orangensaft |
| pompelmußßap | **pompelmoessap*** | Grapefruitsaft |
| apelßap | **appelsap*** | Apfelsaft |
| tomateßap | **tomatensap*** | Tomatensaft |
| värß | **vers** | frisch(gepresst) |
| frißdrank | **frisdrank** | Limonade |

## Kaffee, Tee & Milchgetränke

| | | |
|---|---|---|
| **melk** | mälk | Milch |
| **chocomelk** | schokomälk | Kakao (Cecemel) |
| **warm/koud** | warm/kaud | warm/kalt |
| **koffie(tje*)** | kofie(tshe) | Kaffee |
| **lait russe** | lä rüüß | Milchkaffee |
| **cappucino** | kaputschieno | Cappucino |
| **expresso** | äßpräßoe | Espresso |
| **mocca** | moka | Mokka |
| **décafeine** | deekafienee | entkoffeiniert |
| **caffeine-vrij** | kafeeienevräe | entkoffeiniert |
| **thee citroen** | tee sietrun | Tee mit Zitrone |
| **thee melk** | tee mälk | Tee mit Milch |
| **kruidenthee** | kröedentee | Kräutertee |
| **naar keuze** | naar köese | nach Wahl |

*Typische Teesorten sind* rozenbottel roesenbotel *Hagebutte,* munt münt *Pfefferminze,* linde linde *Lindenblüten,* camille kamile *Kamille,* groene thee chrune tee *grüner Tee,* bosvruchten boßvrüchten *Waldfrucht.*

## Einkaufen

Einkaufen ist auch in Belgien ein echtes Vergnügen, man legt hier jedoch Wert auf höhere, schickere Qualität und das spiegelt auch das Preisniveau wider. Die gängigsten Supermärkte sind: Delhaize deläese, GB sheebee, Carrefour karfur, Champion schampjõ, Aldi aldie.

| | | |
|---|---|---|
| **zaak/winkel** | Geschäft | saak/wingkel |
| **supermarkt** | Supermarkt | ßüüpermarkt |
| **winkelwagen/kar** | Einkaufswagen | wingkelwaache/kar |
| **nachtwinkel; kiosk** | Nachtladen; Kiosk | nachtwingkel; kieoßk |
| **markt; kraam/stal** | Markt; Stand | markt; kraam/ßtal |

# Einkaufen

| | | |
|---|---|---|
| patießerie/bakeräe | **patisserie/bakkerij** | Konditorei/Bäcker |
| beenauweräe | **beenhouwerij** | Metzgerei |
| trätöer | **traiteur** | Delikatessengeschäft |
| chrunteburr | **groenteboer** | Gemüsehändler |
| waarenöeß | **warenhuis*** | Warenhaus |
| afdeeling | **afdeling** | Abteilung |
| bukewingkel | **boekenwinkel** | Buchladen |
| brokantöer | **brocanteur** | Antiquitätenhändler |
| droechißt; kwaföer | **drogist; coiffeur** | Drogerie; Frisör |

**solden aan 50%**
ßolde aan fäeftich perßänt
*Ausverkauf an 50 %*
50% reduziert

**alles aan halve prijs**
aleß aan halve präeß
*alles an halbe Preis*
alles zum halben Preis

*Steht auf einem Verkaufsautomaten* buiten werking, *bedeutet das „Außer Betrieb".*

| | | |
|---|---|---|
| **openingsuren** | oepeningßüüre | Öffnungszeiten |
| **rustdag** | rüßtdach | Ruhetag |
| **open** | oepen | offen |
| **gesloten** | cheßloete(n) | geschlossen |
| **goedkoop** | chukoep | preiswert |
| **kostelijk/duur** | koßtelek/düür | teuer |
| **afgeprijsd** | afchepräeßd | reduziert |
| **uitverkocht** | öetverkocht | ausverkauft |
| **opruiming** | opröeming | Schlussverkauf |
| **BTW** | bee tee wee | Mehrwertsteuer |
| **duwen** | düüwe(n) | drücken |
| **trekken** | träke(n) | ziehen |
| **defect** | deefäkt | defekt |

*Mit einem Smartphone können Sie sich die mit einem 🔊 gekennzeichneten Sätze dieses Kapitels anhören.*

🔊 **Waar kan ik ... krijgen?**
waar kanik ... kräeche(n)
*wo kann ich ... bekommen*
Wo kann ich ... bekommen?

🔊 **Hebt gij ...?**
äbtchäe
*hast du*
Haben Sie ...?

**Wordt gij al geholpen?**
word chäe al cheolpe(n)
*wirst du schon geholfen*
Kann ich behilflich sein?

**Aan wie is het?**
aan wie ißt
*an wer ist es*
Wer ist dran?

**Ik kijk maar, bedankt.**
ik käek maar bedankt
*ich schaue aber danke*
Ich schaue nur, danke.

**Ik had graag ...**
kad chraach
*ich hätte gern*
Ich hätte gern ...

*Jede Region hat eigene Gebäck-Spezialitäten. In Antwerpen sind es Mandelkekse namens* Antwerpse handjes, *in Diest hat man* begijnenbollen, *in Veurne und Ieper bekommt man Karamellbonbons namens* babelutten *und Makronen nennen sich* keikopjes *in Poperinge.*

## Kekse, Bonbons & Schokolade

Belgien ist für seine zarte Schokolade berühmt, z. B. Côte d'Or und Jacques. Bekannte Hersteller von Pralinen sind: Daskalides, Galler, Godiva, Gudrun, Guylian, Leonidas, Neuhaus, Ovidias.

| | | |
|---|---|---|
| **pralinen; truffels** | Pralinen; Trüffel | praliene(n); trüfelß |
| **chocolade; éclairs** | Schokolade; Karamellen | schokolaade; eekläer |
| **galette; wafel** | Waffelkeks; Waffel | chalät; waafel |
| **chik; frisko** | Kaugummi; Eis am Stiel | schiek; frießko |

**Ik had graag een doos van 250 gram.**
kad chraach en doeß van tweeonderd fäeftich chram
*ich hätte gern eine Dose von 250 Gramm*
Ich hätte eine Dose zu 250 Gramm.

**Enkel witte/melkchocolade/puur/zonder drank.**
ängkel wite/mälkschoklaa/püür/sonder drank
*nur weiße/Milchschokolade/pur/ohne Getränk*
Nur weiße/Milchschokolade/Zartbitter/ohne Alkohol.

| | | |
|---|---|---|
| **stuk*(ske*)** | ßtük(ßke) | Stück |
| **paar*** | paar | Paar |
| **set*(je*)** | ßät(she) | Set |
| **doos(eke*)** | does(eke) | Schachtel |
| **blik(ske*)** | blik(ßke) | Büchse |
| **pak(ske*)** | pak(ßke) | Päckchen |
| **reep(ke*)** | reep(ke) | Riegel (Schokolade) |
| **fles(ke*)** | fläß(ke) | Flasche |
| **rol(leke*)** | rol(eke) | Rolle |
| **tube(ke*)** | tüübe(ke) | Tube |
| **zak(ske*)** | sak(ßke) | Tüte |
| **snee(ke*)** | ßnee(ke) | Scheibe (Brot) |
| **schel(leke*)** | ßchäl(eke) | Scheibe (Aufschnitt) |
| **vel*(leke*)** | väl(eke) | Blatt (Papier) |
| **gram** | chram | Gramm |
| **(halve) kilo** | (alve) kielo | (halbes) Kilo |
| **liter** | lieter | Liter |
| **meter** | meeter | Meter |

Sommerschlussverkauf in der Brusselsestraat, Leuven

**Kunt gij dat als cadeau inpakken?**
künt chäe da alß kadoe inpake(n)
*kannst du das als Geschenk einpacken*
Können Sie das als Geschenk verpacken?

## Kleidung – kleding

Vor allem die Stadtbevölkerung legt auf gute Kleidung viel Wert. Für Haute-Couture ist Antwerpen die Stadt – hier sind viele erfolgreiche belgische Couturiers ansässig, u. a. die bekannt gewordenen „Antwerp Six" Walter van Beirendonck, Dirk Bikkembergs, Ann Demeulemeester, Marina Yee, Dirk van Säne, Dries van Noten.

**Waar kan ik dat passen?**
waar kanik da paße(n)
*wo kann ich das anprobieren*
Wo kann ich das anprobieren?

**Wat vindt ge?**
wa vintche
*was findest du*
Wie findest du das?

**Doe die vest eens aan!**
du die väßt eenß aan
*tu die Weste einmal an*
Zieh die Jacke mal an!

**Ge staat er heel goed mee.**
che ßtaat er eel chu mee
*du stehst da sehr gut mit*
Es steht Ihnen sehr gut.

**Volgens mij is het te klein/groot.**
volchenß mäe ißt te kläen/chroet
*folgens mir ist das zu klein/groß*
Ich glaube, es ist zu klein/groß.

| | | |
|---|---|---|
| **smal; wijd/breed** | ßmal; wäed/breed | eng; weit |
| **kort; lang** | kort; lang | kurz; lang |
| **dik; dun** | dik; dün | dick; dünn |

**Hebt ge een maat groter/kleiner?**
äbtche en maat chroeter/kläener
*hast du ein Maß größer/kleiner*
Haben Sie das eine Nummer größer/kleiner?

**Mijn maat is 38.**
mäen maat iß achtendärtich
*mein Maß ist 38*
Meine Größe ist 38.

**De kleur staat mij niet aan.**
de klöer ßtaat mäe nie aan
*die Farbe steht mir nicht an*
Die Farbe gefällt mir nicht.

## Farbe – kleur

Wie im Deutschen können Sie Farben durch Vorstellen von donker donker für „dunkel-" und licht licht für „hell-" modifizieren.

| | | |
|---|---|---|
| **zilver; goud** | silver; chaud | Silber; Gold |
| **geel; beige** | cheel; bäsh | gelb; beige |
| **blauw; groen** | blau; chrun | blau; grün |
| **oranje; bruin** | oranje; bröen | orange; braun |
| **rood; violet** | roed; violät | rot; violett |
| **mauve/paars** | moeve/paarß | lila |
| **wit; roze** | wit; roese | weiß; rosa |
| **grijs; zwart** | chräeß; swart | grau; schwarz |
| **effen** | äfe | unifarben |

## bezahlen

*Sie bekommen in Belgien immer eine Tüte für Ihre Einkäufe, die Sie nie bezahlen müssen.*

**Hoeveel kost het?**
uveel koßtet
*wie-viel kostet es*
Wie viel macht das?

**Accepteerd gij ook credit card?**
akßäpteerd chäe oek krädit kaard
*akzeptierst du auch Kredit Karte*
Akzeptieren Sie auch Kreditkarten?

# Kultur erleben

In jedem größeren Ort finden Sie alle Informationen im Fremdenverkehrsamt, das mit dem Informations-„i" ausgeschildert ist.

*Auf touristische Attraktionen und Rundgänge machen überall die braun-farbenen Hinweisschilder aufmerksam.*

**Wat is er hier (tofs) te doen?**
wadiß er ier (tofß) te dun
*was ist da hier (nettes) zu tun*
Was kann man hier (Nettes) unternehmen?

**Hebt ge een plan* van de stad/streek?**
äbtche en plan van de ßtad/ßtreek
*hast du ein Plan von der Stadt/Gegend*
Haben Sie einen Plan von der Stadt/Gegend?

**Hebt ge een folder over wandel-/fietstochten?**
äbtche en fowlder oever wandel/fietßtochten
*hast du ein Prospekt über Wander-/Fahrradtouren*
Haben Sie einen Prospekt über Wander-/Radtouren?

**Hebt ge ook een folder in het duits?**
äbtche oeken fowlder inet döetß
*hast du auch ein Prospekt auf das Deutsch*
Haben Sie auch einen Prospekt auf Deutsch?

**Hoe laat is de volgende rondleiding?**
ulaat iß de volchende rondläeding
*wie spät ist die nächste Rundführung*
Wie spät ist die nächste Führung?

## bezienswaardigheid – Sehenswürdigkeit

*Der berühmteste Feldzug ist der* Slag der Gulden Sporen *so genannt nach den goldenen Rittersporen, die man auf dem Schlachtfeld fand. In Kortrijk schlugen die Flamen am 11. Juli 1302 die Franzosen. Dieser Tag ist heute ein Feiertag in Flandern.*

| | | |
|---|---|---|
| **kasteel*** | kaßteel | Schloss |
| **burcht** | bürcht | Burg |
| **stadhuis*** | ßtatöeß | Stadthaus |
| **patriciërshuis*** | patrießjerßöeß | Patrizierhaus |
| **hoeve; villa** | uve; viela | Gehöft; Villa |
| **stadsmuur** | ßtadßmüür | Stadtmauer |
| **(water)molen** | (waater)moele | (Wasser)Mühle |
| **gevel; toren** | cheevel; toere | Giebel; Turm |
| **reien; poort** | räeen; poert | Grachten; Tor |
| **(dom)kerk** | (doem)kärk | (Dom)Kirche |
| **kerkhof*** | kärkof | Friedhof |
| **basiliek** | basieliek | Basilika |
| **kathedraal** | katedraal | Kathedrale |
| **paleis*; kapel** | paläeß; kapäl | Palast; Kapelle |
| **klooster*** | kloeßter | Kloster |
| **(duinen)abdij** | (döenen)abdäe | (Dünen)Abtei |
| **begijnhof*** | bechäenof | Beginenkloster |
| **altaar*; bron** | altaar; bron | Altar; Brunnen |
| **schatkamer** | ßchatkaamer | Schatzkammer |
| **beiaard; klok** | bäjjard; klok | Glocke; Uhr |
| **(stand-)beeld*** | ßtandbeeld | Statue |
| **park*** | park | Park |
| **bunker** | bünker | Bunker |
| **loopgraaf** | loepchraaf | Laufgraben |
| **vesting** | väßting | Festung |

**Van welken eeuw is dat gebouw*?**
van wälken eew iß da chebau
*von welchem Jahrhundert ist dieses Gebäude*
Aus welchem Jahrhundert stammt dieses Gebäude?

## am Strand

Die belgische Küste liegt in Flandern, weswegen die Küstenbewohner empört reagieren, wenn man es die belgische Küste nennt, denn in ihren Augen ist es die Vlaamse kust vlaamße küßt – *flämische Küste.*

| | | |
|---|---|---|
| **(naakt)strand*** | (naakt)ßtrand | (FKK)Strand |
| **duin; zand*** | döen; sand | Düne; Sand |
| **kleedhokje*** | kleedokje | Umkleidekabine |
| **ligstoel** | lichßtul | Liegestuhl |
| **parasol** | paraßol | Sonnenschirm |
| **zwemmen** | swäme(n) | schwimmen |
| **surfplank** | ßürfplank | Surfbrett |
| **waterfiets** | waaterfietß | Wasserfahrrad |
| **waterski** | waaterßkie | Wasserski |
| **zeilen** | säele(n) | segeln |
| **zeilwagen** | säelwaache(n) | Segelwagen |
| **plankzeilen** | planksäele | windsurfen |

*Das Meer nennt sich im Flämischen* zee see *und ein See ist ein* meer* meer, *also genau anders herum als im Deutschen!*

**Waar moet ik zijn voor een bootstocht op de Schelde?**
waar mutek säen voeren bootßtocht op de ßchälde
*wo muss ich sein für eine Bootstour auf der Schelde*
Wo kann ich eine Bootsfahrt auf der Schelde machen?

**Hoeveel kost de rondrit met de koets?**
uveel koßt de rondrit mät de kutß
*wie-viel kostet die Rundritt mit der Kutsche*
Wie viel kostet die Rundfahrt mit der Kutsche?

*Auf einer Kutsche können Sie z. B. Brügge besichtigen, in Kortrijk gibt es Flüge zu buchen und zur Fahrt über die Schelde können Sie sich in Antwerpen einschiffen.*

**Hoe lang duurt de vlucht over de polder?**
ulang düürt de vlücht oever de polder
*wie lang dauert der Flug über der Polder*
Wie lange dauert der Flug über die Polderlandschaft?

**Ik wil een roeiboot/bootje* huren.**
kwilen rujboet/boetshe hüüre(n)
*ich möchte ein Ruderboot/Boot mieten*
Ich wil ein Ruderboot/Boot mieten.

**Waar kunt ge hier paarden huren?**
waar küntche ier paarden hüüre(n)
*wo kannst du hier Pferde mieten*
Wo kann man hier Pferde mieten?

## Kino, Musik, Theater & Co.

*In Belgien werden alle Filme in Originalversion gezeigt, und zwar meist mit niederländischen und französischen Untertiteln gleichzeitig.*

| | | |
|---|---|---|
| **cinema/de film** | ßinema/de film | Kino |
| **film; concert*** | film; konßärt | Film; Konzert |
| **vertoning** | vertoening | Vorführung |
| **wordt verwacht** | word verwacht | in Kürze |
| **(nood)uitgang** | (noed)öetchang | (Not)Ausgang |
| **ingang** | inchang | Eingang |
| **opera; ballet*** | oepera; balät | Oper; Ballett |
| **muziek** | müüsiek | Musik |
| **symfonie** | ßimfonie | Symphonie |
| **openlucht** | oepelöcht | Freiluft- |
| **theater*** | teeaater | Theater |
| **schouwburg** | ßchauwbörch | Theater |
| **toneelstuk*** | toneelßtük | Theaterstück |
| **optocht; feest*** | optocht; feeßt | Parade; Fest |
| **festival*** | fäßtieval | Festival |

**Wat draait er dezen avond?**
wat draajtr deesen aavend
*was dreht da dieser Abend*
Was läuft heute Abend?

**Hoe laat begint de film?**
ulaat bechint de film
*wie spät beginnt der Film*
Wann fängt der Film an?

**Wat is er vandaag te doen?**
watißer vandaach te dun
*was ist da heute zu tun*
Was könnte man heute machen?

**Waar kan ik tickets krijgen?**
waar kanik tiekätß kräeche(n)
*wo kann ich Tickets bekommen*
Wo kann ich Tickets bekommen?

**Twee tickets voor ... alstublieft.**
twee tiekätß voer ... aßteblieft
Zwei Tickets für ..., bitte.

**Het is uitverkocht.**
tiß öetverkocht
*das ist ausverkauft*
Es ist ausverkauft.

**Waar wilt gij zitten?**
waar wilt chäe site
*wo willst du sitzen*
Wo wollen Sie sitzen?

| | | |
|---|---|---|
| **achter-/vooraan** | achter-/voeraan | hinten/vorn |
| **in het midden** | int mide | in der Mitte |
| **balkon*** | balkon | Balkon |
| **loge; zaal** | loeshe; ßaal | Loge; Saal |

*Wollen Sie einmal in flämische Musik hineinschnuppern, lauschen Sie* Will Tura, Johan Verminnen, Raymond van het Groenewoud, Bram Vermeulen, Wannes Van de Velde. *So richtig populär sind die Giganten der modernen flämischen Popmusik wie* Clouseau, Noordkaap, K3 *und* Lais. *Soll es eher Schlager sein, dann halten Sie Auschau nach* Yasmine, Ingeborg, Sanne, Willy Sommers, Isabelle A, Leopold 3, Will Ferdy *und* Sabien Tiels.

## Kunst, Comics & Museen

*Ein besonderer Tipp ist das Brüsseler* Belgisch Centrum van het Beeldverhaal – *kurz* Stripmuseum. *Denn im Vaterland von* Tintin (Hergé), Suske en Wiske (Willy Vandersteen), Nero (Marc Sleen), De Rode Ridder (Karel Bideloo) *und anderen Papierhelden fesseln Comics Jung und Alt tagtäglich in der Zeitungsbeilage.*

In der Heimat der großen Maler Rogier van der Weyden, Jan van Eyk, Pieter Breughel, Jan Breughel, Peter Paul Rubens, Anthonis van Dyck, James Ensor, René Magritte und Paul Delvaux ist sicherlich auch ein Besuch im Museum von Interesse.

| | | |
|---|---|---|
| **tentoonstelling** | tentoenßtäling | Ausstellung |
| **museum*** | müüseeüm | Museum |
| **kunst** | künßt | Kunst |
| **kunstenaar** | künßtenaar | Künstler |
| **kunstenares** | künßtenaaräß | Künstlerin |
| **gobelin** | choblã | Wandteppich |
| **kant** | kant | Spitze |
| **tekenaar** | teekenaar | Comiczeichner |
| **strip(verhaal*)** | ßtrip(veraal) | Comic |
| **nummer*** | nümer | Bandnummer |

## Nachtleben

**W**enn Sie gern mal eine Nacht durchtanzen oder endlose Kneipenbummel unternehmen wollen, sind Sie hier richtig. Vielleicht wollen Sie sich dazu auch mit einem Flamen oder einer Flämin verabreden:

**Misschien kunnen wij eens afspreken?**
meßchien küne(n) wäe eenß afßpreeke(n)
*vielleicht können wir einmal absprechen*
Vielleicht können wir uns mal verabreden?

**...telefoneren / op stap gaan?**
teelefoneere(n) / op ßtap chaan
*telefonieren / auf Stapfen gehen*
... telefonieren / zusammen ausgehen?

**... samen een pint gaan pakken?**
ßaamen nen pint chaan pake(n)
*zusammen ein Bier gehen greifen*
... zusammen ein Bier trinken gehen?

**Spreken we af in het café* Domus?**
ßpreeke(n) we af int kafee doemüß
*sprechen wir ab in das Cafe Domüß*
Sollen wir uns im Domus treffen?

**Ik kan niet zunne! Wij vertrekken morgen.**
ikanie sine we verträke(n) morche(n)
*ich kann nicht hörst-du wir abreisen morgen*
Ich kann nicht, wir reisen morgen ab.

**Waar is hier een (goede) fuif?**
waar iß ier en (chuje) föef
*wo ist hier ein (gute) Party*
Wo ist hier eine gute Party?

| | | |
|---|---|---|
| **discotheek** | dißkoteek | Diskothek |
| **danscafé*** | danßkafee | Tanzkneipe |
| **TD** | teedee | Studentenfete |

**Wat voor muziek wordt daar gespeeld?**
wat voer müüsiek word daar cheßpeeld
*was für Musik wird dort gespielt*
Was für Musik gibt's da?

*Mit einem Smartphone können Sie sich die mit einem gekennzeichneten Sätze dieses Kapitels anhören.*

Onze-Lieve-Vrouwekathedraal, Antwerpen

Bierkelder am Grote Markt in Brussel

**Hoeveel kost den ingang?**
uveel koßt den inchang
*wie-viel kostet der Eingang*
Wie viel kostet der Eintritt?

**Ik trakteer!**
ik trakteer
*ich gebe-aus*
Ich lade dich ein!

**Gaan wij een terasske doen?**
chaan wäe en teraßke dun
*gehen wir eine Terasse tun*
Sollen wir einen Kneipenbummel machen?

**Ik heb geen goesting.**
käb cheen chußting
*ich habe keine Lust*
Ich habe keine Lust.

**Ja, dat is goed.**
ja daß chu
*ja das ist gut*
Ja, o.k.

**Laten wij even buiten gaan. Ik heb het warm.**
laate(n) we äfen böete(n) chaan käbt warm
*lassen wir eben draußen gehen ich habe es warm*
Lass uns kurz rausgehen..Mir ist warm.

**Ik moet door/weg.**
kmut doer/wäch
*ich muss aufsteigen*
Ich muss los.

**Ik ga met u mee.**
kcha mät üü mee
*ich gehe mit dir mit*
Ich komme mit!

**Ik heb honger.**
käb onger
*ich habe Hunger*
Ich habe Hunger.

**Zullen wij ietske eten?**
süln we ietßke eete(n)
*sollen wir etwas essen*
Sollen wir etwas essen?

**Dat was een toffen avond.**
da waß nen tofen aavend
*das war ein netter Abend*
Das war ein netter Abend.

# Liebe & Flüche

Sollten Sie einmal mehr als ein freundschaftliches Interesse an jemandem haben – oder jemand an Ihnen –, erfahren Sie hier wie man diese Situation auf Flämisch meistert. Aber Vorsicht vor allzu viel Direktheit!

**Hebt gij een vuurke?**
äbtchäe en vüürke
*hast du ein Feuer*
Hast du Feuer?

**Wilt gij iets drinken?**
wilde ietß drinke(n)
*willst du etwas trinken*
Willst du etwas trinken?

**Zijt gij hier alleen / voor den eerste keer?**
säet chäe ier aleen / voer deneerßte keer
*bist du hier allein / zum ersten Mal*
Bist du allein hier / zum ersten Mal hier?

*Eine plumpe Anmache, die Sie vielleicht zu hören bekommen, ist* Ik zie u wel zitten. ksie üü wäl site(n) *„ich sehe dich wohl sitzen" = Wir könnten ein schönes Paar abgeben.*

**Ik zie u graag.**
ksie üü chraach
*ich sehe dich gerne*
Ich liebe dich.

**Ik ben verliefd geraakt.**
kbän verliefd cheraakt
*ich bin verliebt getroffen*
Ich habe mich verliebt.

**Dat is een schoon meiske*.**
dasen ßchoen mäeßke
*das ist ein schönes Mädchen*
Das ist ein schönes Mädchen. (auch Frau!)

**(Allez) Dat is een knappe!**
(alee) dadieß ne knape
*(kommt) das ist ein Gutaussehender*
(Oh Mann.) Der sieht gut aus.

Wenn man Ihr „nein“ nicht akzeptieren will:

**Ik moet u niet hebben!**
kmutüü nie äbe(n)
*ich muss dich nicht haben*
Kein Interesse!

**(Allez zeg.) Hou op!**
(alee säch) au op
*(kommt sag) hör auf*
(Komm) Hör auf!

**Gij maakt mij zot!**
chäe maakt mäe sot
*du machst micht verrückt*
Du nervst!

**Ga lopen!**
chaa loepe(n)
*gehe laufen*
Hau ab!

**(Zeg,) Laat mij gerust!**
(säch) laat mäe chrüßt
*(sag) lass mich in-Ruhe*
Lass mich in Ruhe!

**Blijf van mijn lijf*!**
bläef van mäen läef
*bleib von mein Körper*
Bleib mir vom Leibe!

## Sex

**Vrijt gij veilig?**
vräet chäe väelich
*freist du sicher*
Wie steht's mit Safer Sex?

**Hebt gij een condoom*/kapoteke* bij?**
äbtchäe en kondoem/kapoeke bäe
*hast du ein Kondom/Hütchen bei*
Hast du ein Kondom dabei?

**Neemt gij de pil?**
neemt chäe de pil
*nimmst du die Pille*
Nimmst du die Pille?

**Ik heb een spiraaltje*.**
käben ßpieraaltshe
*ich habe eine Spirale*
Ich habe eine Spirale.

## Schmipfen & Fluchen

In Belgien schimpft und flucht man ganz wenig (nur Variationen der ersten fünf Schimpfworte). Halten Sie es auch so!

| | | |
|---|---|---|
| **(miljaar/non)dedju** | Verdammt! | (miljaar/non)dedshüü |
| **toeme (toch)** | Verdammt nochmal! | tume toch |
| **potverdikke** | Verflixt nochmal! | potverdike |
| **verdorie** | Verflixt nochmal! | verdoerie |
| **godver(domme)** | Gott verdammt! | chodver(dume) |
| **idioot; onnozelaar** | Idiot! | iedjoet; onoeselaar |
| **trut; seute** | Dumme Kuh! | trüt; ßöete |
| **smeerlap; lul** | Schwein!; Arschloch! | ßmeerlap; lül |
| **kutwijf*** | Schlampe! | kütwäef |
| **vuile kloot** | Schweinepriester! | vöele kloet |
| **slet/hoer** | Schlampe/Hure! | ßlät/hur |
| **jeanet/homo(fiel)** | Homo/schwul | shanät/homo(fiel) |
| **lesbos/pot** | Lesbe | läßbo/pot |

# Radsport & Fußball

Bei schönem Wetter sehen Sie besonders sonntags die Mitglieder der wielerclubs wielerklöbß *Radsportclubs* auf dem koersvelo kurßveeloe *Rennrad* eine Tour fahren.

**Volgt gij de koers?**
volcht chäe de kurß
*folgst du der Kurs*
Verfolgen Sie den Radsport?

# Radsport & Fußball

*Die belgischen Radrennenklassiker:*
Driedaagse van de Panne *Drei Tage von De Panne;*
De Brabantse Pijl *der Brabanter Pfeil;*
Gent-Wevelgem *Gent – Wevelgem;*
De Ronde van Vlaanderen *die Flandernrundfahrt;*
Luik-Bastenaken-Luik *Lüttich-Bastenaken-Lüttich;*
De Waalse Pijl *der Wallonische Pfeil.*

**Wie is uw favoriete coureur?**
wie iß üü favoriete kuröer
*wer ist dein favoriter Renner*
Wer ist Ihr Lieblings-Rennradfahrer?

**Wie denkt gij dat er gaat winnen?**
wie dänkt chäe dater chaat wine
*wer denkst du dass da geht gewinnen*
Was meinst du, wer gewinnt?

| | | |
|---|---|---|
| **parcours*** | parkur | Rennradstrecke |
| **arrivee*** | arievee | Ziellinie |
| **man in vorm** | man in vorm | Spitzenreiter |
| **peleton*** | peeletõ | Peleton |
| **meneren** | meeneren | leiten (Spitze) |
| **supporter** | ßüüporter | Fan |

## Fußball

Noch wichtiger ist natürlich Fußball. Die besten Clubs sind Anderlecht, Club Brugge, Racing Genk, AA Gent und Standard Luik. Leider wird so manches Spiel durch Hooligans gestört.

**Wie tegen wie?**
wie teeche wie
*wer gegen wer*
Wer gegen wen?

**Wie staat er op kop?**
wie ßtaat er op kop
*wer steht da auf Kopf*
Wer führt?

**Gaan, gaan!**
chaan chaan
*gehen gehen*
Jetzt mach schon!

**Wat een kans!**
waden kanß
*was eine Chance*
Was für eine Torchance!

| **Allez past!** | **Maar allez!** | **Shot*, shot*!** |
|---|---|---|
| alee paßt | maar alee | schot schot |
| *kommt passt* | *aber komt* | *schieß schieß* |
| Gib ab! | Oh Mann!? | Jetzt schieß! |

| | | |
|---|---|---|
| **voetbal(stadion*)** | Fußball(Stadion) | vutbal(ßtaadjon) |
| **match/wedstrijd** | Wettkampf | matsch/wädßträed |
| **voetballist; spits** | Fußballer; Stürmer | vutbalißt; ßpitß |
| **verdediger** | Verteidiger | verdeedicher |
| **middenvelder** | Mittelfeldspieler | midevälder |
| **keeper** | Torwart | kieper |
| **arbiter/scheidsrechter** | Schiedrichter | arbieter/ßchäedßrächter |
| **goal; verlenging** | Tor; Verlängerung | gowl; verlänging |
| **buitenspel*; hoekschop** | Abseits; Ecke | böetenßpäl; hukßchop |
| **strafschop; vrijschop** | Elfmeter; Freistoß | ßtrafßchop; vräeßchop |
| **gele/rode kaart** | gelbe/rote Karte | cheele/roede kaart |
| **eerste/tweede helft** | 1./2. Halbzeit | eerßte/tweede älft |
| **nederlaag; overwinning** | Niederlage; Sieg | neederlaach; oeverwining |
| **gelijk spel*** | unentschieden | cheläek ßpäl |

# Geld, Post & Telefon

Für Deutsche und Österreicher ist das Geldwechseln ja passé und man kann Geld ohnehin am bequemsten aus dem Geldautomaten ziehen:

**Pardon, waar is er hier een bancontact?**
pardon waariß er ier en bankkontakt
*entschuldigung wo ist hier ein Bankcontact(System)*
Entschuldigung, wo ist hier ein Geldautomat?

| | | |
|---|---|---|
| krädit kaard | **credit card** | Kreditkarte |
| koede intutße(n) | **code intoetsen** | Geheimzahl eingeben |
| wißelkantoer | **wisselkantoor*** | Wechselstube |
| briefke; schäk | **briefke*; check** | Geldschein; Scheck |
| chepaßt betaale(n) | **gepast betalen** | passend bezahlen |
| kontant | **contant** | bar |

*Sie können zwar an jedem Geldautomaten mit Ihrer Maestro-Karte Geld abheben, aber Sie können damit nicht in Geschäften bezahlen. Dort kann man nur mit der belgischen* protonkaart *bezahlen, einer Karte mit aufladbarem Chip.*

**Wat is de wisselkoers voor zwitserse franc?**
wadiß de wißelkurß voer switserße frang
*was ist der Wechselkurs für Schweizer Franken*
Was ist der Wechselkurs für Schweizer Franken?

**Wilt gij hier tekenen?**
wilt chäe ier teekene(n)
*willst du hier unterzeichnen*
Unterschreiben Sie bitte hier.

## Post

Man unterscheidet außer nach Land auch nach prioritaire priorietäer *„mit Priorität"* oder niet prioritaire nie priorietäer *„ohne Priorität"*.

**Prioritaire?**
priorietäer
*mit-Priorität*
Luftpost?

**Hoeveel duurder is dat?**
uveel düürder iß da
*wie-viel teurer ist das*
Was ist der Preisunterschied?

**Hoe lang doet de post erover?**
ulang dut de poßt eroever
*wie lang tut die Post darüber*
Wie lange ist die Post dann unterwegs?

**Dan het liefst (niet) prioritaire.**
dant liefßt (nie) prioriet<u>äer</u>
*dann das liebste (nicht) mit-Priorität*
Dann lieber (nicht) per Luftpost.

| | | |
|---|---|---|
| **postkaart** | poßtkaart | Postkarte |
| **recommandé** | rekomandee | Einschreiben |
| **pakket*** | pakät | Paket |
| **pakske*** | pakßke | Päckchen |
| **(post)zegel** | (poßt)seechel | Briefmarke |
| **brievenbus** | brievebüß | Briefkasten |
| **loket*** | lokät | (Post)Schalter |

## Telekommunikation

Die Telefonzellen der Belgacom sind türkisfarben und immer auch mit deutschen Instruktionen versehen. Belgische Telefonkarten bekommen Sie bei der Post, am Bahnhof, im Buchhandel oder am Zeitungskiosk.

**Waar vind ik een telefoonkotje*?**
waar vindiken teelefoenkotshe
*wo finde ich ein Telefonhäuschen*
Wo finde ich eine Telefonzelle.

Möchten Sie vom Café oder von Freunden aus telefonieren, fragen Sie zunächst:

**Mag ik efkes iemand in Brussel bellen?**
machik äfkeß iemand in brüßel häle(n)
*darf ich eben jemand in Brüssel anrufen*
Dürfte ich kurz jemand in Brüssel anrufen?

naar oostenrijk
naar oeßtenräek
*nach Österreich*

*Wollen Sie* naar huis naar öeß *nach Hause telefonieren? Das sind die Vorwahlen für Ihr Land: 0049 für Deutschland, 0043 für Österreich 0041 für die Schweiz.*

**Hoeveel kost dat?**
uveel koßta
*wie-viel kostet das*
Was kostet es?

**Het was bezet.**
twaß besät
*es war besetzt*
Es ist besetzt.

**Ik kreeg geen antwoord*.**
ik kreech cheen antwoerd
*ich bekam keine Antwort*
Es kam keiner dran.

**Spreek ik met ...?**
ßpreekik mät
*spreche ich mit*
Spreche ich mit ...?

**Nee, hier is het met ...**
nee ier ißt mät
*nein hier ist es mit*
Nein, hier ist ...

**Hij is er niet.**
äe ißer nie
*er ist hier nicht*
Er ist nicht da.

**Oei, dan ben ik verkeerd.**
uj dan bänk verkeerd
*oh dann bin ich falsch*
Oh, dann habe ich mich verwählt.

**Kan ik met Wim spreken?**
kanik mät wim ßreeke(n)
*kann ich mit Wim sprechen*
Kann ich mit Wim sprechen?

**Kan ik een boodschap* noteren?**
kanken boedßchap noteere(n)
*kann ich eine Botschaft notieren*
Soll ich etwas ausrichten?

**Niet nodig. Ik bel wel een andere keer terug.**
nie noedich kbäl wäl nenandre keer tröch
*nicht nötig ich anrufe wohl ein anderes Mal zurück*
Nicht nötig. Ich rufe nochmal an.

**Heeft hij ook een GSM?**
eeftäe oek nen cheeäßäm
*hat er auch ein GSM*
Hat er auch ein Mobiltelefon?

**Wat is het nummer*?**
wadiß et nümer
*was ist die Nummer*
Wie ist die Nummer?

## Notfälle

Brauchen Sie die Polizei, wählen Sie 101, für medizinische Notfälle oder die Feuerwehr wählen Sie 100. In Not rufen Sie einfach hulp! hülp *Hilfe!*

*Mit einem Smartphone können Sie sich die mit einem gekennzeichneten Sätze dieses Kapitels anhören.*

**Roep / Stuur alstublieft de/een ...**
rup / ßtüür aßteblieft de/en
*rufe / schicken bitte die/eine*
Rufen / Schicken Sie bitte die/eine ...

| **rijkswacht** | räekßwacht | Polizei |
|---|---|---|
| **politie** | poließie | Stadtpolizei |
| **politieagent** | poließie achänt | Polizist |
| **gendarm** | shondarm | Polizist |
| **brandweer** | brandweer | Feuerwehr |
| **ambulance** | ambüülanß | Krankenwagen |
| **ambassade** | ambaßaade | Botschaft |
| **wegenwacht** | weechewacht | Pannenhilfe |
| **takelwagen** | taakelwaache | Abschleppwagen |

*Redet man über Polizisten, werden sie wie in Frankreich* flik(ken) flik(en) *genannt.*

**Ik wil een ... melden.**
kwilen ... mälde(n)
*ich will ein ... melden*
Ich will ein(en) ... melden.

*Wenn Sie nicht so recht wissen, wo Sie hin müssen, achten Sie auf folgende Aufschriften:* onthaal* *„Empfang"*, hier aanmelden a.u.b. *„hier anmelden bitte".*

| | | |
|---|---|---|
| **accident*** | akßiedänt | Unfall |
| **aanrijding** | aanräeding | Auffahrunfall |
| **brand** | brand | Brand |
| **diefstal** | dieffßtal | Diebstahl |
| **inbraak** | inbraak | Einbruch |
| **verkrachting** | verkrachting | Vergewaltigung |
| **overval** | oeverval | Überfall |

**Op den E40 richting kust ter hoogte van ...**
op den ee veertich richting küßt ter oochte van
*auf der E40 richtung Küste zur Höhe von*
Auf der E40 Richtung Küste auf Höhe von ...

**Er zijn (geen) gewonden.**
er säen (cheen) chewonde(n)
*es sind (keine) Verwundeten*
Es ist jemand/niemand verletzt.

**Uw identiteitskaart alstublieft.**
üü iedäntietäetßkaart aßteblieft
*dein Personalausweis bitte*
Ihr Personalausweis bitte.

**Mijn auto is gestolen/opengebroken.**
mäenen ... iß cheßtoele(n)/oepenchebroeke(n)
*mein ... ist gestohlen/offengebrochen*
Mein ... wurde gestohlen / aufgebrochen.

**Er ontbreekt de cd-wisselaar / niks.**
er ontbreekt de ßeedee wißelaar / nikß
*es fehlt der CD-Wechsler / nichts*
Es fehlt der CD-Wechsler / nichts.

| | | |
|---|---|---|
| **valies*/koffer** | Koffer | valieß/kofer |
| **rugzak; tas** | Rucksack; Tasche | rüchsak; taß |
| **sacoche; sleutels** | Handtasche; Schlüssel | ßakosh; ßlöetelß |
| **portemonnee*** | Portmonnee | portmonee |
| **fototoestel*** | Fotaapparat | fototußtäl |
| **horloge; paspoort*** | Uhr; Reisepass | orloeshe; paßpoert |
| **credit card** | Kreditkarte | krädit kaard |
| **autoradio; papieren** | Autoradio; Papiere | autoraadio; papiere(n) |

**Mag ik uw naam en adres* weten?**
machik üü naam än adräß weete(n)
*darf ich dein Namen und Adresse wissen*
Ihr Name und Ihre Adresse?

| | | |
|---|---|---|
| **straat** | ßtraat | Straße |
| **huisnummer*** | öeßnümer | Hausnummer |
| **plaats** | plaatß | Ort |
| **postcode** | poßtkoede | Postleitzahl |
| **verjaardag** | verjaardach | Geburtstag |
| **handteken*** | andteeken | Unterschrift |

## Krank sein

Dies ist wirklich nicht der Moment, um Flämisch zu üben. Mit dem Arzt sollten Sie einfach Deutsch oder Englisch sprechen. Hier nur das Nötigste, um erst einmal bis zum Arzt oder zu einer Apotheke zu gelangen .

**Ik voel mij niet goed.**
kvul mäe nie chu
*ich fühle mich nicht gut*
Ich fühle mich nicht gut.

**Waar is er een kliniek/tandarts in de buurt?**
waar ißer en klieniek/tandartß in de büürt
*wo ist da eine Klinik/Zahnarzt in der Nähe*
Wo ist die/der nächste Klinik/Zahnarzt?

**Welken apoteek is van wacht?**
wälken apoteek iß van wacht
*welche Apotheke ist von Wache*
Welche Apotheke hat Dienst?

**Hebt gij een middel tegen ...?**
äbtchäe en midel teeche(n)
*hast du ein Mittel gegen*
Haben Sie ein Mittel gegen ...?

| | | |
|---|---|---|
| **koppijn** | kopäen | Kopfschmerzen |
| **maagpijn** | maachpäen | Magenschmerzen |
| **krampen** | krampe | Krämpfe |
| **tandpijn** | tandpäen | Zahnschmerzen |
| **een valling** | en valing | eine Erkältung |
| **de hoest** | de hußt | den Husten |
| **koorts*** | koertß | Fieber |
| **keelpijn** | keelpäen | Halsschmerzen |
| **spierpijn** | ßpierpäen | Muskelkater |
| **rugpijn** | rüchpäen | Rückenschmerzen |
| **constipatie** | konßtiepaaßie | Verstopfung |
| **diarree** | diaree | Durchfall |
| **hooikoorts*** | hoojkoertß | Heuschnupfen |

## Literatur- & Surftipps

Es gibt nur wenig und fast ausschließlich auf Niederländisch:

- **Vlaams Dialectenwoordenboek,** Herman J. Claeys, Artus Uitgevers, Antwerpen 2001, ISBN 90-804539-5-1 – *umfassendes Wörterbuch des flämischen Dialektes mit Beispielen*
- **Verboden op het werk te komen,** Ton van der Wouden, SIWU 1998, Enschede, ISBN 90-74900-13-5 – *kleines Wörterbuch flämischer Dialektwörter mit Beispielsätzen für den Gebrauch*
- **Klein woordenboek der Vlaamse taal,** De Fontein Baarn, Nederland 1998, ISBN : 90-261-1448-6 – *Vergleich von Flämisch mit Hoch-Niederländisch, allerdings mit einigen Fehlerchen*
- **Vlaams,** Assimil, Brussel 2000, ISBN : 90-74996-40-X – *zeigt die unterschiedliche Aussprache in Antwerpen, Brügge und Gent*
- **De Vlaamse Taal,** Genootschap De Vlaamse Taal (Charles Vanderhaegen), Kortrijkse Steenweg 1121, 9051 Sint-Denijs-Westrem, Belgien – *Zeitschrift über flämische Geschichte(n) & Wörter*

*Diese Bücher und Schriften sind nicht über den Reise Know-How Verlag erhältlich. Bitte wenden Sie sich an Ihre Buchhandlung!*

- **www.ned.univie.ac.at/publicaties/taalgeschiedenis/dt/vlaams.htm** – *über Unterschiede zwischen Flämisch und Unterschiede auf Deutsch!*
- **web.inter.nl.net/users/fred/vlaams** – *übersetzt Niederländisch ins Flämische und umgekehrt*
- **www.onzetaal.nl/koppling/dialect.htm** – *Linksammlung zu verschiedenen flämischen Dialekten, aber auch Afrikaans und niederländischen Dialekten*

*Im Internet findet man allerhand private Sites zum Flämischen, die leider auch sehr schnell veralten, verschwinden oder nicht mehr gepflegt werden. Versuchen Sie einfach Ihr Glück!*

# Wortliste Deutsch – Flämisch

*Im Deutsch – Flämischen Teil werden die Wörter aus den Wortlisten in den Kapiteln nicht wiederholt. Und im Flämisch – Deutschen Teil werden Lebensmittel und Wörter, die erkennbar identisch geschrieben und/oder gesprochen werden, nicht wiederholt. Unregelmäßige Formen stehen in Klammern: Hauptwortmehrzahl, Verbvergangenheit (für Hilfsworte siehe Kapitel im Buch), Steigerung der Eigenschaftswörter. Nach trennbaren Verbvorsilben steht ein* ˈ. *Hauptwörter mit dem Artikel* het *sind mit * markiert.*

## A

**ab** van
**abbiegen** afˈslaan [sloeg]
**abdecken** afˈdekken
**Abend** avond
**aber** maar
**abholen** afˈhalen
**Abfluss** goot
**abnehmen** een regime volgen* *Diät;* minderen *weniger werden*
**abreisen** vertrekken [vertrok]
**absagen** afˈzeggen
**abschleppen** wegˈslepen
**Abschleppseil** sleepkabel[s]
**abspülen** afˈwassen
**achten auf** opˈletten
**Achtung** pas op!; opgelet!
**Adresse** adres*
**ähneln** gelijken op [geleek]
**Alkohol** alcohol; drank
**alle** iedereen *Person;* al *Ding*
**allein** alleen; op zijn eentje
**alles** alles
**allgemein** algemeen
**als** dan *Vergleich;* wanneer *zeitl.*
**alt** oud
**Ampel** lichten
**an** aan; op *auf*
**anbieten** aanˈbieden [bood]
**andere** andere
**anders** anders
**anfangen** beginnen [begon]
**angeben** aanˈduiden
**Angebot** aanbod*
**Angel** hengel
**angenehm** plezant; aangenaam
**Angestellte** bediende
**angreifen** aanˈvallen [viel]
**Angst haben** schrik hebben*
**anhalten** stoppen
**Anhalter fahren, per** liften
**Anhänger** hanger[s] *Schmuck;* aanhangwagen[s] *Auto*
**ankommen** toeˈkomen [kwam]
**Ankunft** aankomst
**Anlasser** demarreur; starter
**annehmen** accepteren
**anprobieren** passen
**anrufen** bellen
**Anschluss** aansluiting
**anstehen** aanˈschuiven [schoof]
**anstelle von** in plaats van
**antik** antiek
**Antiquität** brocante
**Antrag** verzoek*
**Antwort** antwoord*
**antworten** antwoorden
**Anwalt** advokaat
**anziehen** aanˈdoen [deed]
**Anzug** kostuum*
**Apartment** apartement*
**Apotheke** apoteek
**Arbeit** werk*; job[s]
**arbeiten** werken
**Arbeiter** arbeider[s]
**Arbeitgeber** patroon
**arbeitslos sein** werkloos zijn
**Architekt** architect
**Ärger** ambras
**ärgerlich** ambetant
**argumetieren** argumenteren
**Arm/arm** arm
**Armband** armband*; bracelette
**Armee** leger*
**Ärmel** mouw
**Art** soort*
**Arzt** dokter

**Atem** adem
**atmen** ademen
**auch** ook
**auf** op
**aufbewahren** op'bewaren
**aufblasen** op'blasen
**Aufführung** vertoning
**aufhalten** tegen'houden [hield]
**aufheben** op'pikken
**aufhören** op'houden
**auf jeden Fall** alleszins
**Aufkleber** plakker[s]; sticker[s]
**auflegen (Telefon)** in'haken
**Aufmerksamkeit** attentie
**aufschreiben** noteren
**aufstehen** op'staan [stond]
**aufwachen** wakker worden
**aufwärmen** op'warmen
**Auge** oog*
**aus** uit
**Ausfahrt** afrit *Autobahn*; uitrit
**ausfüllen** in'vullen
**ausgeben, einen** trakteren
**ausgehen** op stap gaan
**ausgenommen** uitgezonderd
**ausgraben** uit'graven [groef]
**auskennen, sich** bekend zijn
**Auskunft** inlichting
**Ausland** buitenland*
**ausleihen** ontlenen
**Auspuff** knalpot
**Ausrede** uitvlucht
**ausrutschen** uit'glijden [glee]
**ausmachen** stil'leggen
**Ausschlag** uitslag
**aussehen** uit'zien [zag]
**außer** tenzij *es sei;* na *neben*
**außerdem** bovendien
**außer** buiten
**äußerst** uiterst; uitermate
**Aussicht** uitzicht*
**aussprechen** uit'spreken [sprak]
**aussteigen** af'stappen
**aussuchen** kiezen [koos]
**Ausverkauf** solden
**Ausweis** identiteitskaart
**ausziehen** uit'kleden
**Autobahn** autostrade[s]

## B

**Bach** beek
**backen** bakken
**Bäcker** bakker[s]
**Badeanzug** badpak*
**Badehose** zwembroek
**baden** een bad* pakken
**Badezimmer** badkamer[s]
**Bakterie** microbe
**bald** gauw *schnell;* seffens *gleich*
**Ball** bal
**Bandage** rekverband*
**Bank** bank
**Bankrott (sein)** failliet
**Bart** baard
**Batterie** batterij; pil
**Bau** bouw
**Bauch** buik
**bauen** bouwen
**Bauer** boer
**Baum** boom
**Baumwolle** katoen*
**Beamter** ambtenaar[s]
**beantragen** aan'vragen [vroeg]
**Becher** beker[s]
**Bedürfnis** behoefte*
**beeilen** zich haasten
**beenden** beëindigen
**befehlen** bevelen [beval]
**beifüllen** bij'vullen
**begleiten** begeleiden [begeleed]
**Begleitung** begeleiding
**behalten** houden [hield]
**Behandlung** behandeling
**behindert** mindervalide
**Bein** been*
**Beispiel** voorbeeld*
**beißen** bijten [beet]
**bekannt** gekend; vermaard
**Bekannte** kennis*
**bekommen** krijgen [kreeg]
**belästigen** ambeteren
**beliebt** populair
**bemühen** moeite doen [deed]
**benachrichtigen** informeren
**beobachten** observeren
**Beobachtung** observering
**bequem** gemakkelijk
**berechnen** berekenen
**Beruf** beroep*
**berühmt** beroemd; befaamd
**berühren** aan'raken
**beschädigen** beschadigen
**beschäftigt sein** bezig zijn
**beschreiben** beschrijven [beschreef]
**Beschreibung** beschrijving
**beschweren** beklagen
**besetzt** bezet; volzet *voll*
**besichtigen** bezichtigen
**Besitzer** eigenaar[s]
**besoffen** zat
**besonders** bijzonder
**besser** beter
**bestanden haben** erdoor zijn
**beste** beste
**Besteck** bestek*
**bestellen** bestellen
**Bestellung** bestelling
**bestimmt** beslist; verzekerst
**besuchen** bezoeken [bezocht]
**Besucher** bezoeker[s]
**beten** bidden [bad]
**betrügen** bedriegen [bedroog]
**Bett** bed*

## Wortliste Deutsch – Flämisch

**Bettzeug** bedgerief*
**Beule** bluts; buil
**beurteilen** beoordelen
**Bevölkerung** bevolking
**bevor** voor(dat)
**bewölkt** bewolkt
**bewusstlos** buiten westen; flauw gevallen *umgekippt sein*
**BH** soutien; beha
**Bibel** bijbel[s]
**biegen** buigen [boog]
**Biene** bij
**bieten** bieden [bood]
**Bild** beeld*
**bilden** vormen
**Binde** maandverband
**binden** binden [bond]
**bis** tot
**bisschen, ein** een beeke
**Bitte** verzoek*
**bitte** alstublieft
**bitten** verzoeken [verzocht]
**bitter** bitter
**Blase** bloedblein *Wunde;* blaar *Harn*
**blasen** blasen [blies]
**blass** bleek
**Blatt** blad*; vel*(leke*) *Papier*
**Blättchen** blaadjes
**bleiben** blijven [bleef]
**Bleistift** potlood; crayon[s]
**Blitz** flits *Gerät;* weerlicht* *Natur*
**blond** blond
**Blume** bloem
**Bluse** bloes
**Blut** bloed*
**Boden** grond
**Boje** boei
**Boot** boot
**böse** kwaad; boos
**braten** braden
**brauchen** nodig hebben
**brauen** brouwen
**Brauerei** brouwerij
**brechen (etw.)** breken [brak]
**breit** breed; wijd
**Bremse** rem
**bremsen** remmen
**brennen** branden
**Brief** brief
**Brille** bril
**bringen** brengen [bracht]
**Brücke** brug
**Brust** borst
**Buch** boek*
**buchen** boeken
**Buchhalter** boekhouder[s]
**Buchstabe** letter[s]
**buchstabieren** spellen
**Bucht** inhamming
**Buchung** boeking
**bügeln** strijken [streek]
**Bühne** podium*[s]
**Büro** kantoor*

### C

**Café** café*['s]
**campen** camperen
**Chance** kans
**Chef** chef; baas; patroon
**Chemie** scheikunde
**Chirurg** chirurg
**christlich** christelijk
**Cousin** kozijn
**Cousine** nicht

### D

**da** ginder; daar *dort;* omdat *weil*
**dabei (haben)** bij/mee (hebben)
**Dach** dak*
**daher** daarom
**damals** toen; dan
**damit** daarmee; ermee
**Dampf** damp
**danach** nadien
**danke** bedankt; dank u wel
**danken** danken
**dann** dan
**darum** daarom
**Darm** darm
**darüber** daarvan; ervan
**darüber hinaus** bovendien
**dass** dat
**dasselbe** hetzelfde
**Datum** datum*
**dauern** duren
**Daumen** duim
**dazu** daartoe
**Deck** dek*
**Decke** deken[s]; sprei *Bett;* plafond*[s] *Raum*
**deftig** deftig
**denken** peinzen
**Denkmal** monument*
**derselbe** dezelfde
**deshalb** daarom
**Deutsch** Duits*
**Diafilm** diafilm
**Dialekt** dialect*
**Diät** regime*[s]
**dick** dik
**Dienst** service
**dies** dit
**Ding** ding*
**Diplom** diploma*[s]
**direkt** direct; rechtstreeks
**Direktor** directeur[s]
**doch** wel; toch; jawel
**Dokument** document*
**Dolmetscher(in)** tolk
**Donner** donder[s]
**doppel** dubbel
**Dorf** dorp*

**Dorn** doorn [dorens]
**dort** daar
**Dose** blik *Blech*; doos *Karton*
**Dosenöffner** blikopener[s]
**Drama** drama* [dramen]
**dran** eraan
**draußen** buiten
**drehen** draaien; rollen *Tabak*
**dringend, es ist** het presseert
**Druck** druk
**drucken** printen
**drücken** duwen
**dumm** dom
**dunkel** donker
**dünn** slank *schlank;* dun *Ding*
**durch** door *hindurch;* doordat *kausal;* langs *via*
**durchfallen** buizen
**durchgebraten** goed gebakken
**durchgehen** door'gaan [ging]
**Durchschnitt** gemiddelde
**dürfen** mogen [mocht]
**Durst** dorst
**duschen** douchen

## E

**eben** plat *flach;* efke(n)s *zeitlich*
**echt** echt; werkelijk
**Ecke** hoek
**Edelstein** edelsteen
**egal** eender
**Ehefrau** echtgenote[s]
**Ehemann** echtgenoot
**eigene** eigen
**eigentlich** eigenlijk
**Eigentum** eigendom
**eilig, ich habe es** ik heb haast
**einander** mekaar; elkaar
**einbrechen** in'breken [brak]
**Eindruck** indruk
**einfach** gemakkelijk *leicht*
**einführen** in'voeren *Karte*
**einige** enkele(n)
**einigermaßen** enigsins; nogal
**einkaufen** winkelen
**einklemmen** klemmen; knellen
**Einkommen** inkomen*[s]
**einladen** uit'nodigen
**Einladung** uitnodiging
**einmal** eens; een keer/maal
**einmalig** enig
**einschließen** inbegrepen *inkl.*; op'sluiten [sloot] *einsperren*
**einsteigen** in'stappen
**Eintritt** ingang; entree['s]
**einverstanden** oké; akkoord
**einwickeln** in'pakken
**Einwohner** inwoner[s]
**Einzel** single['s]
**einzige(r/s)** enige
**Eisen** ijzer*
**Eiter** etter
**ekelig** dégoutant; vies; vuil
**elastisch** elastisch
**Elektriker** elektrieker[s]
**elektrisch** elektrisch
**Ellbogen** elleboog
**Empfang** onthaal*
**empfangen** onthalen *Personen*
**Empfänger** bestemmeling
**empfehlen** aan'bevelen [bevool]
**Ende** einde*
**Energie** energie[ën]
**eng** smal
**England** Engeland
**englisch** Engels*
**Enkel(in)** kleinkind*[eren]
**entfernen** verwijderen
**Entfernung** afstand
**Entschädigung** compensatie[s]
**entscheiden** beslissen [besloot]
**entschuldigen** verontschuldigen
**enttäuscht** ontgoochelt
**entweder ... oder** of ... of
**Erde** aarde
**Ereignis** gebeurtenis*
**erfahren** ondervinden [ondervond]
**Erfolg** succes*
**erfordern** vragen [vroeg]
**erhalten** krijgen [kreeg]
**erinnern** herinneren
**erklären** uit'leggen
**Erklärung** explicatie; uitleg
**erlauben** permiteren; toe'laten
**Erlaubnis** toelating
**Ermäßigung** korting
**Ersatz** vervanging
**erst** slechts; pas
**erwachsen** volwassen
**erwarten** verwachten
**Erwartung** verwachting
**erzählen** vertellen
**Erziehung** opvoeding *aufziehen*
**es sei denn** tenzij
**essen** eten [at]
**Essen** eten*; voeding
**Esszimmer** eetplaats/-kamer[s]
**etwas** ietske; wat
**Examen** examen*[s]

## F

**Fabrik** fabriek
**fad** laf; flauw
**Faden** draadje*[s]
**fähig sein** in staat zijn
**Fahrbahn** rijstrook
**Fähre** ferry['s]
**fahren** varen [voer] *Schiff;* rijden [reed] *Fahrzeug;* voeren *jemanden fahren*
**Fahrer** chauffeur[s]
**Fahrplan** dienstregeling
**Fahrpreis** tarief*

# Wortliste Deutsch – Flämisch

**Fahrrad** velo['s]; fiets
**Fahrrad fahren** fietsen
**Fahrradreifen** buitenband
**Fahrradschlauch** binnenband
**Fahrzeug** auto['s]; rijtuig*
**fallen** vallen [viel]
**falls** als; indien
**falsch** fout; verkeerd
**Falte** rimpel[s]
**falten** op'plooien
**Familie** familie[s]
**fangen** vangen [ving]
**Farbe** kleur
**Fass** vat*
**fast** bijna; bekanst
**faul** bedorven *Obst*; lui *träge*
**fehlen** ontbreken [ontbrak]
**Fehler** fout; vergissing; erreur[s]
**feiern** vieren
**Feiertag** feestdag; hoogdag
**Feld** veld*
**Fenster** venster[s]
**Ferien** vakantie
**Fernseher** TV['s]
**Ferse** hiel
**fertig** gereed; klaar
**fest** hard
**Fett; fett** vet*; vet
**feucht** vochtig
**Feuer** vuur*
**Feuerwerk** vuurwerk*
**Feuerzeug** briquet; aansteker[s]
**finden** vinden
**Finger** vinger[s]
**Firma** firma['s]; bedrijf*
**fischen** vissen
**Fischer** visser[s]
**flach** plat
**Flagge** vlag
**Flamme** vlam
**Flämisch** Vlaams*
**Flandern** Vlaanderen
**Flaschenöffner** aftrekker[s]
**Fleck** plek
**fliegen** vliegen [vloog]
**fließen** vloeien
**Flug** vlucht
**Flughafen** luchthaven[s]
**Flugzeug** vliegtuig*
**Fluss** rivier[s]
**Flüssigkeit** vloeistof
**flüstern** fluisteren
**Flut** vloed; overstroming
**fluten** over'stromen
**Folge** gevolg*
**folgen** volgen
**Fön** haardroger[s]
**fordern** eisen
**Forderung** eisen[s]
**Form** vorm
**fortsetzen** voort'zetten
**Foto** foto['s]
**fotografieren** foto trekken [trok]
**Frage** vraag; kwestie[s]
**fragen** vragen [vroeg]
**Franzose** fransman
**Französin** franse
**Französisch** Frans*
**Frau** vrouw; madam; mevrouw
**frei** vrij
**fremd** onbekend
**freuen** blij zijn
**freundlich** vriendelijk
**Freundschaft** vriendschap
**Frieden** vrede
**frieren** bevriezen [bevroor]
**frisch** vers; fris
**froh** blij; zalig; prettig *Wünsche*
**Frucht** fruit* [vruchten]
**früh** vroeg
**früher** eerder
**Frühling** lente
**frühstücken** ontbijt* eten [at]
**fühlen** voelen
**führen** leiden
**Führer** gids
**Führerschein** rijbewijs*
**Führung** rondleiding
**füllen** vullen
**Füllung** vulling
**funktionieren** marcheren
**für** voor; aan
**furchtbar** affreus; ontzettend
**fürchten** schrik hebben*
**Fuß** voet
**Fußgänger** voetganger[s]
**füttern** voeden

## G

**gähnen** gapen
**Galerie** galerij; galerie[ën]
**Gang** versneling *Auto/Fahrrad*
**ganz** heel *am Stück*; gans *alle*
**gar(gekocht)** gaar
**Gardine** gordijn
**Garten** hof; tuin
**Gas** gas*
**Gast** gast
**Gastgeber** gastheer
**Gastgeberin** gastvrouw
**Gebäude** gebouw*
**geben** geven [gaf]
**Gebiet** streek; terrein* *Feld*
**gebrauchen** gebruiken
**Gebühr** tarief*
**Gefahr** gevaar*
**gefährlich** gevaarlijk
**gefallen** bevallen [beviel]
**Gefängnis** gevangenis; bak
**Gefäß** vat*; bak
**Gefühl** gevoel*[ens]
**gegen** tegen
**Gegend** streek
**gegenüber** tegenover
**Gehalt** loon

**gehen** gaan [ging]; door'gaan
**Geldbuße** protokol*; boete*[s]
**Gelegenheit** kans
**gelten** gelden [gold]
**Gemälde** schilderij
**gemütlich** plezant; gezellig
**genau** precies; juist *ja;* stipt *Zeit*
**Genehmigung** vergunning
**genießen** genieten [genoot]
**genug** voldoende; genoeg
**genügen** volstaan [volstond]
**Geografie** aardrijkskunde
**Gepäck** bagage
**gerade** recht *hoch;* juist *zeitlich*
**geradeaus** rechtdoor
**geräuchert** gerookt
**gerecht** rechtvaardig
**Gericht** gerecht*
**gern** graag [liever; liefst]
**Geruch** geur
**gesamt** total; geheel
**Geschenk** kado['s]
**Geschichte** verhaal* *Erzählung;* geschiedenis *historisch*
**geschieden** gescheiden
**Geschmack** smaak
**Geschwindigkeit** snelheid
**Gesellschaft** maatschapij
**Gesetz** wet
**Gesicht** gezicht*
**gesperrt** afgesloten
**Gespräch** conversatie[s]
**gestern** gisteren
**gestohlen** gestolen
**gesund** gezond
**Gesundheit** gezondheid
**Getränk** drank
**Gewehr** geweer*
**Gewerkschaft** vakbond
**Gewicht** gewicht*
**gewinnen** winnen [won]
**Gewitter** onweer*
**gewöhnen** wennen
**Gewürz** specerij
**gießen** gieten [goot]
**Gift** vergif* [giften]
**Glas** glas*
**glatt** glad
**Glaube** geloof*
**glauben** geloven
**gleich** seffens; subiet
**Gleichgewicht** evenwicht*
**Glück** geluk*
**glücklich** gelukkig
**Gott** god
**graben** graven [groef]
**Grad** graad
**Grammatik** gramatica
**Gras** gras*
**gratulieren** feliciteren
**Grenze** grens
**groß** groot
**großartig** fantastisch
**Größe** maat
**Großeltern** grootouders
**Grund (Ursache)** reden[s]
**gültig** geldig
**Gummi** rubber*[s]; plastiek*
**Gurt** gordel[s]
**Gürtel** ceintuur[s]; riem
**gut** goed [beter; beste]; tof *nett*
**gut tun** deugd doen [deed]

## H

**Haar** haar*
**Haargummi** haarband*
**haben** hebben*
**hacken** kappen
**Hafen** haven[s]
**Hagel** hagel
**hageln** hagelen
**Haken** haak
**halb** half
**Hälfte** helft
**Halle** hal
**halten** stoppen *anhalten;* houden* *festhalten*
**Haltestelle** halte[s]
**Hammer** hamer[s]
**Hand** hand
**handeln** handelen
**Handgelenk** pols
**Händler** commerçant
**Handschuh** handschoen
**hängen** hangen [hing]
**Harnblase** blaar
**hart** hard
**Hass** haat
**hassen** haten
**hässlich** lelijk
**Haupt-** hoofd-
**Hauptstadt** hoofdstad [-steden]
**Haus** huis*
**Haut** vel*
**heben** heffen [hief]
**heilen** genezen [genas]
**heilig** heilig
**Heirat** trouw; huwelijk*
**heiraten** trouwen
**heiß** heet
**heißen** noemen; heten
**Heizung** chauffage[s]
**helfen** helpen [hielp]
**hell** helder *Licht;* licht- *Vorsilbe*
**Hemd** hemd*
**herauslassen** eruit'laten
**Herbst** herfst
**Herd** stoof; vuur*
**hereinkommen** binnen'komen
**herkommen** (vandaan) komen
**Herkunft** afkomst
**herstellen** fabriceren
**Herz** hart*
**Herzanfall** beroerte[s]
**Heu(schnupfen)** hooi(koorts)*

**heute** vandaag
**hier** hier
**Hilfe** hulp
**hin** heen
**hinaus** buiten
**hinein** binnen
**hineingehen** in'gaan [ging]
**hineinstecken** in'steken [stak]
**hingegen** echter; thans
**hinkommen** er geraken
**hinter** achter
**Hintergrund** achtergrond
**Hintern** achterste*; poep; kont
**historisch** historisch
**hoch** hoog
**Hochschule** hogeschool
**höchst-** maximum
**Hof** koer *Innen;* hoeve *Bauern-*
**hoffen** hopen
**hoffentlich** hopelijk
**höflich** beleefd
**Höhe** hoogte[s]
**Höhle** grot
**holen** halen
**Holz** hout*
**hören** horen
**Hose** broek
**Hüfte** heup
**Hügel** heuvel[s]
**Hunger** honger

## I

**Idee** gedacht*; idee*
**im voraus** op voorhand
**immer** steeds; telkens *wenn*
**in** in; binnen *zeitlich*
**Industrie** industrie
**Infektion** infectie[s]
**Informatik** informatica
**Information** inlichting
**informieren** informeren **Ingeni-**
**eur** ingenieur[s]
**inklusive** inbegrepen
**innen** binnen
**innerhalb** binst; binnen
**Insel** eiland*
**Institut** instituut*
**interessant** interessant
**Interesse** interesse
**international** internationaal
**irgendein** gelijk welk een
**irren** vergissen; mis zijn

## J

**Jacke** anorak; frak; blazer
**jagen** jagen [joeg]
**Jahr** jaar*
**Jahrhundert** eeuw
**Jahreszeit** jaartijd
**Jalousie** plaffetuur
**jede** ieder(e/n); elk(e/n)
**jeder (Person)** iedereen
**jeder/s (Ding)** elkeen
**jederzeit** gelijk wanneer
**jemand** iemand
**jemals** ooit
**jetzt** nu
**Jod** jodium*
**jucken** jeuken
**Jugendlicher** tiener[s]
**jung** jong
**Jura** rechten
**Juwelier** juwelier[s]

## K

**Kabel** draad
**Kalender** kalender[s]
**kalt** koud
**kämpfen** vechten [vocht]
**Kanne** kanneke*[s]
**kaputt** gebroken; kapot
**Karte** kaart
**Karton** doos
**Kasse** kassa[s]
**Kassette** cassette[s]
**Kassiererin** kassierster[s]
**Kasten (Bier)** bak
**katholisch** katholiek
**kauen** kauwen
**Kaugummi** chik
**kaufen** kopen
**kaum** amper
**Kehle** keel
**Keller** kelder[s]
**Kellner/in** garçon/juffrouw
**kennen** kennen [kende]
**Keramik** keramiek
**Kerl** jongen[s]
**Kette** colier* *Schmuck*; ketting
**Kiefer** kaak
**Kind** kind[eren]
**Kindergarten** kleutertuin
**Kinn** kin
**Klasse** klasse[s] *Zug*; klas *Schul-*
**klatschen** klappen
**Klebeband** plakband*
**kleben** kleven; plakken
**klebrig** plakerig
**Klebstoff** colle; lijm
**Kleid** kleed*; jurk
**Kleiderbügel** kapstok
**klein** klein
**Klempner** loodgieter[s]
**klettern** klimmen [klom]
**Klima** klimaat*
**klingen** klinken [klonk]
**Klippe** klip
**klopfen** kloppen
**Klub** club[s]
**klug** intelligent
**kneifen** knijpen [kneep]
**Kneipe** café*['s]

**Knie** knie
**Knöchel** enkel[s]
**Knochen** been*; bot*
**Knopf** knop
**Koch** kok[s]
**kochen** koken
**Köder** aas
**Kohle** kool
**kommen** komen [kwam]
**kompliziert** ingewikkeld
**Komponist** komponist
**Kondom** condom*[s]
**König(in)** koning(in)
**können** kunnen [kon]
**Konsulat** consulaat*
**Kontakt** contact*
**kontaktieren** contacteren
**kontrollieren** controleren
**Kopf** hoofd*; kop
**Korkenzieher** kurkentrekker[s]
**Körper** lichaam*
**korrigieren** corrigeren
**kosten** kosten
**kostenlos** gratis
**Kostüm** complet*
**kotzen** overgeven
**Kragen** col; kraag
**krank** ziek
**Krankenhaus** ziekenhuis*
**Krankenpfleger** verpleeger[s]
**Krankenschwester** verpleegster[s]
**kratzen** krabben
**Kräuter** kruiden
**Kravatte** plastron; stropdas
**Krebskrankheit** kanker*
**Kredit** krediet
**Kreide** krijt*
**Kreuz** kruis*
**Kreuzung** splitsing
**kriechen** kruipen [kroop]
**Krieg** oorlog
**Küche** keuken[s]
**Kugelschreiber** stylo['s]; bic
**Kuh** koe(i)
**kühl** koel
**Kühler** radiateur
**Kühlschrank** frigo['s]
**Kupfer** koper*
**Kupplung** koppeling
**Kurve** bocht
**kurz** kort
**kürzlich** onlangs
**küssen** kussen
**Küste** kust
**Kutsche** koets

## L

**lachen** lachen [lachte]
**laden** laden [lud]
**Lage** positie[s]
**Lampe** lamp
**Land** land*
**Landschaft** landschap*
**Landwirt** landbouwer[s]
**Landwirtschaft** landbouw
**lang** lang
**langsam** langzaam
**langweilig** ambetant
**Lappen** vod
**lassen** laten [liet]
**laufen** lopen [liep]
**laut** luid
**Leben** leven*[s]
**leben** leven
**Leber** lever
**lecken** lekken
**lecker** lekker
**Leder** leder*; leer*
**leer** leeg
**legen** leggen
**lehnen** leunen
**Lehrer** leraar[s]; meester[s]
**Lehrerin** lerares; meesteres
**leicht** gemakkelijk; licht *Gewicht*
**Leid, es tut mir** het spijt mij
**Leid, ich bin es** ik ben het beu
**leihen** ontlenen
**Leinen** linnen*
**leiten** leiden [leed]
**Lenkrad** stuur
**lernen** leren
**lesen** lezen [las]
**letzte** laatste
**leuchten** schijnen [scheen]
**Leute** lui; volk*
**Licht** licht*
**Liebe** liefde
**lieben** (iemand) graag zien
**lieber** liever
**liebste** favoriete; liefste
**Lied** liedje*[s]
**liefern** leveren
**Lieferung** levering
**liegen** liggen [lag]
**Linie** lijn
**links** links *[gebeugt:* linker*]*
**Linse** lens *optisch*
**Lippe** lip[pen]
**Liste** lijst
**LKW** camion[s]
**Loch** gat*
**Lohn** loon
**lose** los
**Lösung** oplossing
**Luft** lucht
**lügen** liegen [loog]
**Lunge** longen
**Lust** goesting

## M

**machen** maken; doen [deed]
**macht nichts, es** het geeft niet
**Mädchen** meiske*[s]

**Magen** maag
**Mal** keer*
**malen** schilderen
**Maler** schilderaar[s]
**man** men
**manch** menig; sommige
**manchmal** soms; somtijds
**Mann** man; meneer[s]; heer
**Mantel** mantel
**Marke** merk*
**Maschine** machine[s]
**Maske** masker*[s]
**Massage** massage[s]
**Material** materiaal*
**Mathematik** wiskunde
**Matraze** matras
**Mauer** muur
**Mechaniker** mekanieker[s]
**Medikament** medikament*
**Medizin** medicijn
**Meer** zee
**mehr** meer
**mehrere** meerdere
**meinen** peinzen
**Meinung** mening
**meist** meestal
**meiste** meeste
**meldern** melden
**Menge, eine** een pak
**Menü** menu*
**merken, sich** onthouden
**merkwürdig** raar
**messen** meten [mat]
**mieten** huren
**Microwelle** microgolf
**mild** mild
**mindestens** op minst; minimum
**Mine** mijn
**Minimum** minimum*
**Minister** minister[s]
**Minute** minuut
**mischen** mengen
**mit** met
**Mitglied** lid* [leden]
**Mittag** middag
**Mittagessen** middageten*[s]
**Mittel** middel
**Mittelalter** middeleeuwen
**Möbel** meubel*[s]
**Mode** mode['s]
**modern** modern
**Mofa** mobilette
**mögen** graag zien *jemand*
**möglich** mogelijk
**Moment** moment*
**Monat** maand
**Mond** maan
**Morgen/morgen** morgen
**Motor** motor
**Motorhaube** capeau
**Motorrad** moto['s]
**müde** moe
**Mühe** moeite
**Müll(eimer)** vuil*(bak)
**Mund** mond
**Münze** munt
**Muschel** schelp
**Muskel** spier
**müssen** moeten [moest]
**Muster** monster*[s]
**Mütze** muts; pet

## N

**nach** na *zeitlich*; naar *örtlich*
**nachdem** nadat
**Nachmittag** namiddag
**Nachricht** nieuws*; boodschap
**nächste** volgende
**Nacht** nacht
**Nacken** nek
**nackt** bloot; naakt
**Nadel** naald
**nagel** nagel[s]
**nah** dichtbij
**Nähe, in der** vlak bij; in de buurt
**Nahrung** voeding
**Nase** neus
**nass** nat
**Nationalität** nationaliteit
**Natur** natuur
**natürlich** natuurlijk
**Nebel** nevel
**neben** naast
**Neffe** neef
**nehmen** pakken; nemen [nam]
**nennen** noemen
**nett** plezant; tof
**neu** nieuw
**Neujahr** nieuwjaar*
**neugierig** curieus
**nicht (einmal)** niet (enkel)
**nichts** niks; niets
**nie** nooit
**Niederlage** nederlaag
**niedrig** laag
**niemand** niemand
**Niere** nier
**nirgendwo/-hin** nergens
**noch** nog
**nochmal** nog een maal; terug
**Nonne** non
**Norden** noorden*
**nördlich** noordelijk
**normal(erweise)** normaal
**Not** nood
**Note** cijfer[s] *Schule*
**notwendig** nodig
**nur** enkel; pas *erst*
**nutzen** gebruiken
**nützlich** nuttig

## O

**ob** of; als
**oben** boven

**obere** bovenste*
**Oberfläche** oppervlakte[s]
**Oberschenkel** bil
**Obst** fruit*
**obwohl** hoewel
**oder** of
**Ofen** oven[s]
**öffentlich** publiek*
**öffnen** openen
**Öffnung** opening
**oft** dikwijls; vaak
**ohne** zonder
**Ohring** oorbel; ooring
**Öl** olie[s]
**Operation** operatie[s]
**Opfer** slachtoffer*[s]
**Optiker** opticien[s]
**Organ** orgaan*
**organisieren** inrichten
**Ort** plaats
**Osten** oosten*
**Ostern** pasen
**östlich** oostelijk
**Ozean** oceaan

## P

**Paar** paar* *etw;* koppel*[s] *jmd.*
**Panne** pech*
**Papst** paus
**Park** park*
**parken** parkeren
**Parlament** parlement*
**Partei** partij
**Partner** partner[s]
**Passagier** passagier[s]
**passen** passen
**passieren** gebeuren
**Patient** patient
**Pause** pauze[-s]
**perfekt** perfect
**Perle** parel[s]
**Perso** identiteitskaart
**Person** persoon
**persönlich** persoonlijk
**Pfad** pad*
**Pfeife** pijp
**pfeifen** fluiten [floot]
**Pferd** paard*
**Pflanze** plant
**Pflaster** pleister[s]
**Pfeife** pijp
**Pfeil** pijl
**Pfütze** put
**Physik** natuurkunde
**Physiotherapeut** kinesist
**Pille** pil
**Pilot** piloot
**Pilz** paddestoel
**Pinzette** pincet
**Plan** plan*; plattegrond
**planen** plannen
**Platz** plein* *Stadt;* plaats *Raum*
**plötzlich** in een keer; plots
**Politik(er)** politiek(er)
**Portion** portie[s]
**Porzellan** porselein*
**Post** post
**Postbote** fakteur[s]
**Praktikum** stage[s]
**Preis** prijs
**Prellung** kneuzing
**Priester** pater[s]
**Prinz(esin)** prins(es)
**privat** privé
**pro** per
**probieren** proeven *Geschmack*; proberen *versuchen*
**Problem** probleem*
**Programm** program*
**Prospekt** folder
**Provinz** provincie
**Prüfung** proef
**Pulver** poeder*[s]
**Pumpe** pomp
**Punkt** punt* *Sport*
**pünktlich** op tijd
**Pullover** pull
**Putzfrau** kuisvrouw

## Q

**Qualität** kwaliteit
**quatschen** babbelen; tateren
**quit sein** effen staan/zijn
**Quittung** bonneke*[s]

## R

**Rabatt** korting
**Rad** wiel*
**Radio** radio['s]
**Radrennen** koers
**Rahmen** kader*[s]
**rasieren** scheren [schoor]
**Rasierklinge** gillette
**Rasierseife** scheerzeep
**Rat** advies*
**raten** raden
**Rauch** rook
**rauchen** roken; smoren
**Raum** kamer[s]
**rauslassen** buiten'laten
**rechnen** rekenen
**Rechnung** rekening
**recht** vrij; erg
**Recht** wet
**Recht haben** gelijk hebben
**rechts** rechts *[gebeugt:* rechter*]*
**Rechtsanwalt** advokaat
**reden** babbelen
**Regal** rek*
**Regel** regel[s]
**regelmäßig** regelmatig
**regeln** arrangeren
**Regen** regen

**Regenbogen** regenboog
**Regenjacke** impermeabel
**Regenschirm** paraplu
**regieren** regeren
**Regierung** regering
**regional** regionaal
**Regisseur** regisseur[s]
**registrieren** registreren
**regnen** regenen
**reiben** wrijven [wreef]
**reich** rijk
**reif** rijp
**Reifen** band
**Reihe** rij
**reinigen** kuisen
**Reinigung** droogkuis; nieuwkuis
**Reise** reis [reizen]
**Reisebüro** reisburo*['s]
**reisen** reizen
**Reißverschluss** tirette
**Religion** religie[s]
**rennen** lopen
**Rente** pensioen
**reparieren** herstellen
**Republik** republiek
**reservieren** reserveren
**retten** redden
**Richter** rechter[s]
**richtig** juist
**Richtung** richting
**riechen** ruiken [rook]
**riesig** enorm
**Rinde** schors *Baum;* korst
**Ring** ring
**Rock** rok
**roh** ruw
**rollen** rollen
**Rolllade** rolluik
**Rolltreppe** rolltrap
**rostfrei** inoxidabel; roestvrij
**Rückfahrt** retour
**rückständig** achterlijk
**Ruderboot** roeiboot
**rudern** roeien
**rufen** roepen
**Ruhe** rust; gerust *in Ruhe*
**ruhig** rustig; op het gemak
**Ruine** ruïne[s]
**rund** rond
**Rundfahrt** rondrit; ronde
**rutschen** gleiden [gleed]
**rutschig** glad

## S

**Sache** zaak *Thema;* gerief* *Ding*
**sagen** zeggen [zei]
**Salbe** zalf
**sammeln** verzamelen
**Sandalen** sandalen
**Sänger** zanger[s]
**Sängerin** zangeres
**satt** vol gegeten
**Sattel** zadel[s]
**Satz** zin[nen]
**sauber** proper
**sauber machen** afkuisen
**sauer** zuur
**schade** spijtig
**Schal** sjaal
**Schale** kom *Form;* korst *Rinde*
**schälen** schillen
**schalten** schakelen
**Schalter** schakelaar[s] *Knopf;* loket *Verkauf*
**scharf** pikant *Geschmack;* scherp *Messer*
**Schatten** schaduw
**schauen** kijken [keek]
**Schaufel** schup
**Schaufenster** étalage['s]
**Schauspieler** acteur[s]
**Schauspielerin** actrice[s]
**Scheibenwischer** ruitenwisser[s]
**scheinen** blijken [bleek] *erscheinen;* schijnen [scheen]
**Schere** schaar
**Scherz** grap
**Schicht** laag
**schicken** sturen
**schieben** schuiven [schoof]
**schießen** schieten [schoot]
**Schiff** schip*
**Schild** affiche['s]; bord
**Schimmel** schimmel
**Schlaf** slaap
**schlafen** slapen [sliep]; vrijen [vree] *Sex*
**Schlafsack** slaapzak
**Schlafwagen** couchette[s]
**Schlafzimmer** slaapkamer[s]
**Schlagbaum** bareel
**schlagen** slaan [sloeg]
**Schläger** raket
**schlecht** slecht
**schließen** sluiten [sloot]
**Schließfach** kluis
**schließlich** uiteindelijk
**schlimm** erg
**Schloss** slot* *Schlüssel;* kasteel* *Burg*
**Schlucht** kloof; ravein
**schlucken** slokken
**Schluss-** laatste; eind-
**schmal** smal
**schmecken** smaken; proeven
**Schmerz** pijn
**Schmied** smid
**Schmuck** bijou['s]; juwelen
**schmutzig** vies; vuil
**Schnee** sneeuw
**schneiden** snijden
**schneien** sneeuwen
**Schneider** kleermaker[s]
**schnell** rap; snel
**schmieren** smeren

**Schnuller** tutter[s]; tut
**Schnur** draad
**Schnürsenkel** nestels; veters
**Schnurrbart** moustache[s]
**schon** al; weeral *wieder*
**schön** schoon; prettig *Wunsch*
**Schönheit** schoonheid
**Schrank** kast
**Schraubenzieher** tournavis; met kruiskop *Kreuzschlitz*
**schreiben** schrijven [schreef]
**Schreibtisch** bureel*
**Schublade** schuif
**Schuh** schoen
**Schuld** fout
**Schule** school; college*[s]
**Schüler(in)** leerling; student
**Schulter** schouder[s]
**Schutz** bescherming
**schützen** beschermen
**schwach** zwak
**Schwager** schoonbroer[s]
**Schwägerin** schoonzus
**schwanger** in verwachting
**schwarz** zwart
**Schwein** varken*[s]
**Schweiz** Zwitzerland
**Schweizer(in)** Zwitser(se)
**schwer** zwaar
**Schwieger-** schoon-
**schwierig** moeilijk; difficile
**schwimmen** zwemmen [zwom]
**schwitzen** zweten
**schwül** benauwd weer
**See** meer*
**seekrank** zeeziek
**Second-hand** tweedehands
**Segel** zeil*
**sehen** zien
**Sehne** pees
**sehr** heel; stijf; erg
**Seide** zijde
**Seife** zeep
**Seil** touw*
**sein** zijn
**seit** sedert
**Seite** kant
**Seitenstreifen** pechstrook
**Sekretärin** secretaresse['s]
**Sekunde** sekonde[s]
**selbst** zelf *ich*; zelfs *sogar*
**selbstständig** zelfstandig
**selten** zelden; raar
**servieren** op'dienen
**Serviette** serviette
**Sessel** zetel[s]
**setzen** zetten
**Show** show
**Sicherheit** zekerheid; veiligheid
**sicherlich** vast; alleszins
**Sicherung** zekering
**Sieg** overwinning
**singen** zingen
**Sitz** zitplaats
**sitzen** passen *Hose;* zitten *Po*
**Skulptur** sculptuur; beeld*
**so** zo
**Socken** kousen; sokken
**Sofa** zetel[s]
**sofort** seffens
**sogar** zelfs
**solch** zo'n *ein;* zulk(e/n) *Mz*
**sollen** moeten
**Sommer** zomer[s]
**Sommerzeit** zomeruur*
**Sonne** zon
**Sonnenbrand** zonnebrand
**Sonnenbrille** zonnebril
**Sonnencreme** zonnencreme
**Sonnenstich** zonnenslag
**sonst** anders
**Sorge** zorg
**Soße** saus
**sparen** sparen
**Spaß** plezier
**spät** laat
**spazieren** wandelen
**Speiche** spaak
**Speisekarte** kaart
**spezial** speciaal
**Spiegel** spiegel[s]
**Spiel** spel*; match
**spielen** spelen
**Spielplatz** speeltuin
**Spielzeug** speelgoed*
**Spieß** brochet
**Spirale** spiraaltje*
**Sport** sport
**Sporthalle** sporthal
**Sprache** taal
**sprechen** spreken [sprak]
**springen** springen [sprong]
**Spritze** piekuur
**spritzen** spuiten [spoot]
**Spur** spoor*
**Staat** staat
**Stadt** stad [steden]
**stark** sterk
**Startkabel** startkabels
**Station** station*
**stattdessen** in de plaats
**stattfinden** door'gaan [ging]
**Stau** file['s]
**Staub** stof
**stechen** steken [stak]
**Steckdose** prise['s]; stopcontact*
**stecken** steken [stak]
**Steckschlüssel** steeksleutel
**Steg** stijger[s]
**stehen** staan [stond]
**stehlen** stelen [stal]
**steigen** stijgen [steeg]
**steil** stijl
**Stein** steen
**Stelle** plaats

# Wortliste Deutsch – Flämisch

**stellen** zetten
**sterben** sterven [stierf]
**Stern** ster
**Stil** stijl
**Stimme** stem
**stinken** stinken [stonk]
**Stirn** voorhoofd*
**Stock** stok
**Stockwerk** verdiep*
**Stoff** stof
**stolz** fier
**stören** storen
**Stoßdämpfer** schokdemper
**stoßen** stoten
**Stoßstange** bumper[s]
**Strafe** straf
**Strand** strand*
**streicheln** strelen
**Streichhölzer** stekskes
**Streit** ambras
**streiten** vechten
**Strohhalm** sprietje*; rietje*
**Strömung** stroming
**Strumpfhose** kousen
**Stück** stuk*; reep *Schokolade*
**Student** student
**studieren** studeren
**Studium** studies
**Stufe** trede
**Stuhl** stoel
**Stunde** uur*
**Sturm** noodweer*
**Suche** zoektocht
**suchen** zoeken [zocht]
**Süden** zuiden*
**südlich** zuidelijk
**Summe** som
**Sumpf** moeras*
**süß** zoet
**Sylvester** nieuwjaarsavond
**Synthetik** kunstvezel*

## T

**Tabak** tabak
**Tablette** pil
**Tag** dag
**täglich** dagelijks
**Taille** taille; lenden
**Tal** dal*; valei
**Tankstelle** benzinestation*
**tanzen** dansen
**Tänzer** danser[s]
**Tänzerin** danseres
**Tapete** behangpapier*
**Tasche** tas
**Taschenlampe** zaklamp
**Taschentuch** zakdoek
**Tasse** tas
**tatsächlich** inderdaad
**taub** doof
**tauchen** duiken [dook]
**tauschen** ruilen
**technisch** technisch
**Tee** thee['s]
**teilen** delen
**Telefon** telefoon[s]
**telefonieren** telefoneren
**Telefonkarte** telefoonkaart
**Teller** tellor; bord*; assiette[s]
**Temperatur** temperatuur
**Teppich** tapijt
**Teufel** duivel[s]
**tief** diep
**Tier** dier*
**Tierarzt** dierenarts
**Tisch** tafel[s]
**Tischdecke** tafelkleed*
**Tod** dood
**Toilettenpapier** *toilet papier
**toll** fantastisch
**Topf** pot; kasserol
**Tor** goal[s] *Sport;* poort *Pforte*
**tot** dood
**töten** doden
**Tour** tocht
**Tourismus** tourisme*
**Tradition** traditie[s]
**tragen** dragen [droeg]
**trainieren** trainen
**trauen, sich** durven [durfde]
**traurig** triest
**treffen** ontmoeten
**treiben** drijven [dreef]
**treten** stampen; treden [trad]
**trinken** drinken [dronk]
**Trinkgeld** drinkgeld*
**trocken** droog
**Trockner** droogzwierder[s]
**trotz** alhoewel
**trotzdem** niettegenstaande
**tun** doen [deed]
**Tür** deur
**Typ** type['s] *Art;* gast; vent *Kerl*

## U

**üben** oefenen
**über** over *etw./jmd.;* meer dan *mehr;* boven *örtl.;* na *zeitl.*
**überall** overal; alom
**übergeben** overˈgeven [gaf]
**Übergewicht** overgewicht*
**überholen** vorbijˈsteken [stak]
**überqueren** overˈsteken [stak]
**übersetzen** vertalen
**Übersetzer(in)** vertal(st)er[s]
**übrig** over
**übrigbleiben** overˈblijven [bleef]
**Uhr** uur* *Zeit;* horloge *Armband;* klok *Uhrwerk*
**um (zu)** om (te)
**umarmen** omarmen
**umkippen** kantelen
**umknicken** omˈslaan [sloeg]
**Umleitung** omleiding

**Umschlag** envelope[s]; omslag
**umsteigen** over'stappen
**Umweg** omweg
**Umwelt** milieu*[s]
**unbegrenzt** onbeperkt
**unbekannt** ongekend
**und (so weiter)** en(zoverder)
**unecht** onecht
**Universität** universiteit; unief
**unmöglich** onmogelijk
**unten/unter** onder
**Unterhaltung** conversatie[s]
**Unterhose** onderbroek; slip
**Unterhemd** onderlijveke*
**Unterkunft** accomodatie[s]
**Unternehmen** entreprise[s]
**Unternehmer** entrepreneur[s]
**Unterricht** les
**unterschreiben** tekenen
**untersuchen** onderzoeken [onderzocht]
**unverbleit** loodvrij
**Urlaub** verlof* *Ferien;* congé *freier Tag*

## V

**Variante** variatie[s]
**vegetarisch** vegetarisch
**Ventil** ventiel*
**verabreden** af'spreken [sprak]
**Verabredung** afspraak
**Verband** verband*
**verboten** verboden
**verderben** bederven [bedierf]
**verdienen** verdienen
**vergessen** vergeten [vergat]
**Vergnügen** plezier*
**verheiratet** getrouwd
**verirren** de weg kwijt raken
**verkaufen** verkopen
**Verkäufer** verkoper[s]
**Verkäuferin** verkoopster[s]
**Verkehr** verkeer*
**verlangen** vragen [vroeg]
**verlängern** verlengen
**verlassen** verlaten [verliet]
**verletzen** bezeren; kwetsen
**verletzt** gekwetst; gewond
**Verletzung** kwetsuur
**verliebt** verliefd
**verlieren** kwijt raken
**verlobt** verloofd
**vermeiden** mijden [meed]
**vermieten** verhuren
**Vermietung** verhuur*
**vermissen** missen
**verpacken** in'pakken
**verpassen** missen
**verringern** minderen
**verrückt** zot; onnozel
**verschieden** verschillend
**verschwinden** verdwijnen [verdween]
**Versicherung** verzekering
**Verspätung** vertraging
**versprechen** beloven
**Verstand** verstand*
**verstehen** verstaan
**versuchen** proberen; trachten
**verstauchen** verstuiken
**Vertrauen** vertrouwen*
**via** langs
**viel** veel [meer; meeste]
**vielleicht** misschien
**Viertel(stunde)** kwart*(ier)*
**Virus** microbe[s]
**Volk** volk*
**voll** vol; volzet *alles besetzt*
**von** van(af)
**vor (allem)** voor(al)
**voraus** op voorand
**vorbei** gedaan
**vorbeifahren** vorbij'steken
**vorbeikommen** af'komen [kwam] *bei jmd.*; passeren
**vorbereiten** voor'bereiden
**vorhaben** van plan zijn
**vorher** voordien
**Vormittag** voormiddag
**Vorrat** vooraad
**vorschlagen** veronderstellen
**Vorsicht** voorzicht
**vorstellen** verbeelden *Geist;* voorstellen *jmd.*
**Vorteil** voordeel*
**vorwärts** vooruit

## W

**wachsen** groeien
**Wagenheber** krik
**Wahl** keuze[s] *Aus-;* verkiezingen *politisch*
**wählen** kiezen [koos]
**wahr** waar
**während** binst; tijdens
**wahrscheinlich** waarschijnlijk
**Wald** bos*
**Wallone** Waal
**Wallonien** Wallonië
**Wallonin** Waalse
**Wallonisch** Waals*
**Wand** muur
**wandern** wandelen
**Wange** kaak
**Ware** waren
**warm** warm
**warnen** verwittigen
**Warnung** verwittiging
**warten** wachten
**Waschbecken** lavabo['s]
**Wäsche** was
**waschen** wassen
**Wasser** water*
**Wasserhahn** waterkraan

**wechselhaft** wisselvallig
**Wechsel** wisselaar
**wechseln** wisselen *Geld;* verwisselen *Glühbirne*
**wecken** wakker maken
**weder ... noch** noch ... noch
**weg** weg/door; kwijt *verloren*
**Weg** weg
**wegen** doordat
**weggehen** weg'gaan [ging]
**wehtun** pijn/zeer doen
**weiblich** vrouwelijk
**weich** zacht
**Weihnachten** kerstfeest*
**weil** omdat
**weinen** wenen
**Weise** manier
**weit** wijd; breed *breit;* ver *weg*
**weitere** verdere
**weiterhin** voorts
**weitermachen** voort'doen [deed]
**welch** welk
**Welle** golf
**Welt** wereld
**Wende** kering
**wenig** weinig [minder; minste]
**wenn** wanneer
**Werbung** reclame['s]
**werden** worden [werd]; zullen
**werfen** smijten [smeet]
**Wert** waarde[s]
**wert** waard
**wertvoll** waardevol
**Westen** westen*
**Wettkampf** match; wedstrijd
**Wetter** weer*
**wichtig** belangrijk
**wie** als *Vergleich*; hoe *Frage*
**wieder** terug; weer; opnieuw
**wiederholen** herhalen
**wiegen** wegen [woog]
**wild** wild
**willkommen** welgekomen
**Wind** wind
**Windel** luier[s]; pampers
**winken** wuiven
**Winter** winter[s]
**Winterzeit** winteruur*
**wirklich** werkelijk; echt
**Wirtschaft** economie[ën]
**wissen** weten [wist]
**Wissenschaft** wetenschap
**Witwe** weduwe
**Witwer** weduwnaar
**wo** waar
**Woche** week
**Wochenende** weekend*
**wodurch** waardoor
**wohl** welicht
**wohnen** wonen
**Wohnmobil** camper[s]
**Wohnung** apartement*
**Wohnzimmer** salon[s]; living[s]
**Wolle** wol[len]
**wollen** willen [wou/wilde]
**Wort** woord*
**Wörterbuch** woordenboek*
**Wunde** kwetsuur; wonde
**Wunsch** wens
**wünschen** wensen
**wütend** kwaad; boos

## Z

**zäh** taai
**Zahl** getal*; nummer[s]
**zahlen** betalen
**zählen** tellen
**zahlreich** talrijk
**Zahnarzt** dentiste[n]; tandarts
**Zange** tang
**zart** teder
**Zaun** omheining
**Zeh** teen
**Zeichnung** tekening
**zeigen** tonen [toonde]; aan'wijzen [wees]
**Zeit** tijd
**Zeitung** gazet; krant
**Zentrum** centrum* [centra]
**ziehen** trekken [trok]
**Zigarette** sigaret
**Zigarre** sigaar
**Zimmer** kamer[s]
**Zoll** douane
**Zone** zone[s]
**zu** naar; te
**züchten** kweken
**zufällig** toevallig
**zufolge** volgens *(steht davor!)*
**zufrieden** content
**Zuhause** thuis*
**zuhören** luisteren
**Zündkerze** bougie['s]
**zunehmen** bijkomen *Gewicht*
**Zunge** tong
**zurück** terug
**zurückgeben** terug'geven [gaf]
**zusammen** bijeen *kommen*; samen *tun*
**Zusammenhang** verband*
**zustimmen** toestemmen
**zuviel** te veel
**zweit, zu** met ons/uw/zijn/hun tweeën/tweetjes
**Zwiebel** ajuin; ui
**Zwilling** tweeling
**zwingen** dwingen [dwong]
**zwischen** tussen

# Wortliste Flämisch – Deutsch

## A

**aan** an; bei (örtlich); dran; für
**aanbevelen** empfehlen
**aanbieden** anbieten
**aandoen** anziehen
**aanduiden** angeben
**aangenaam** angenehm
**aanhangwagen** Anhänger (Auto)
**aankomst** Ankunft
**aanraken** berühren
**aanschuiven** Schlange stehen
**aansluiting** Anschluss
**aansteker** Feuerzeug
**aanvaarden** annehmen
**aanvallen** angreifen
**aanvragen** beantragen
**aanwijzen** zeigen
**aarde** Erde
**aardig** nett (Person)
**aardrijkskunde** Geografie
**abdij** Abtei
**accident** Unfall
**achter** hinter
**achteraan/-in** hinten
**achtergrond** Hintergrund
**achternaam** Familienname
**achterste** Hintern
**acteur; actrice** Schauspieler; -in
**adem; ademen** Atem; atmen
**adres** Adresse
**advies** Rat
**advokaat** Rechtsanwalt
**afdekken** abdecken
**afdeling** Abteilung
**affiche** Schild
**affreus** furchtbar
**afgang** Durchfall
**afgeprijsd** reduziert
**afhaken** abnehmen (Telefon)
**afhalen** abholen
**afkomen** kommen (zu jemand)
**afkomst** Herkunft
**afkuisen** saubermachen
**afnemen** abnehmen (Telefon)
**afrit** Ausfahrt
**afslaan** abbiegen
**afslag** Straße zum Abbiegen
**afspraak** Verabredung
**afstand** Entfernung
**afstappen** aussteigen
**aftrekker** Flaschenöffner
**afwassen** abspülen
**akkoord** einverstanden
**al** alle (Dinge); schon
**alhoewel** trotz
**alleen** allein
**allemaal** alle(s)
**alleszins** sicherlich
**allez** also; oder?
**allumeur** Feuerzeug
**als** falls; ob; wenn; wie
**alstublieft** bitte
**alvast** schon einmal
**amai** Mensch! Oh Mann! Ach!
**ambassade** Botschaft
**ambetant** ärgerlich; langweilig
**ambeteren** belästigen
**ambiance** Atmosphäre
**ambras** Ärger; streit
**ambtenaar** Beamter
**amortisseur** Stoßdämpfer
**amper** kaum
**AN** Hochniederländisch
**antwoord(en)** Antwort (geben)
**apart** vertrennt; apart
**arbeider** Arbeiter
**arbiter** Schiedsrichter
**arrivee** Ziellinie
**artificieel** künstlich
**artisanaal** Kunsthandwerk
**ascenseur** Lift
**attentie** Aufmerksamkeit
**auteur** Autor
**autostrade** Autobahn
**avans zijn, geen** nichts nützen
**avond(eten)** Abend(essen)
**awel** also; aber

## B

**baan** Straße
**baard** Bart
**baas** Chef
**babbelen** reden; quatschen
**bad pakken, een** baden
**badkamer** Badezimmer
**badpak** Badeanzug
**bak** Gefängnis; Kasten
**bakken** backen
**bakkerij** Bäcker(ei)
**bal** Ball (Spiel-)
**bancontact** Geldautomat
**band** Reifen
**bareel** Schlagbaum
**basiliek** Basilika
**batterij** Akku; Batterie
**bed** Bett
**bederven** verderben
**bedgerief** Bettzeug
**bediende** Angestellte
**bedorven** faul (Obst; Gemüse)
**bedriegen** betrügen
**beëindigen** beenden
**beek** Bach
**beeke, een** ein bisschen
**beeld** Bild; Skulptur; Gemälde

**been** Bein; Knochen
**beenhouwerij** Metzgerei
**beetje, een** ein bisschen
**befaamd** berühmt
**begeleiden** begleiten
**begijnhof** Beginenkloster
**beha** BH
**behandelen** behandeln
**behangpapier** Tapete
**behoefte** Bedürfnis
**beiaard** Glocke
**bekanst** fast
**beker** Becher
**beklagen, zich** beschweren
**belangrijk** wichtig
**beleefd** höflich
**bellen** anrufen
**benauwd weer** schwül
**beneden** unten
**benzinestation** Tankstelle
**beoordelen** beurteilen
**berekenen** berechnen
**beroep** Beruf
**beroerte** Herzanfall
**beschadigen** beschädigen
**beschermen** schützen
**bescherming** Schutz
**beschrijven** beschreiben
**beslissen** entscheiden
**beslist** bestimmt
**best** schon; wohl
**bestek** Besteck
**bestellen** bestellen
**bestemmeling** Empfänger
**betalen(d)** bezahlen(d)
**beter** besser
**beu, ik ben het** ich bin es Leid
**bevallen** gefallen
**bevolking** Bevölkerung
**bevriezen** frieren
**bewaarmiddel** Konservierungsmittel
**bewolkt** bewölkt
**bewustloos** bewusstlos
**bezeren** verletzen
**bezet** besetzt
**bezichtigen** besichtigen
**bezienswaardigheid** Sehenswürdigkeit
**bezig zijn** beschäftigt sein
**bezoeken** besuchen
**bezoeker** Besucher
**bic** Kugelschreiber
**bidden** beten
**bieden** bieten
**bij** dabei; bei(m); Biene
**bijeen** zusammen (kommen)
**bijkomen** zunehmen (Gewicht)
**bijna** fast
**bijou** Schmuck
**bijten** beißen
**bijvullen** beifüllen
**bijzonder** besonders
**bil** Oberschenkel
**biljet** Fahrkarte
**binden** binden
**binnen** herein; innen; in; drinnen
**binst** innerhalb; während
**blaar** Harnblase
**blaas** Blase (Wunde)
**blad** Blatt
**blauw** blau
**bleek** blass
**blij zijn** freuen; sich
**blijken** erscheinen
**blijven** bleiben
**blik(ske)** Blechdose
**blink** Schuhcreme
**bloed** Blut
**bloedblein** Blase (Wunde)
**bloem** Blume
**bloese** Bluse
**bloot** nackt
**bluts** Beule
**bocht** Kurve
**boei** Boje
**boek; -en** Buch; buchen
**boeket** Blumenstrauß
**boekhouder** Buchhalter
**boeking** Buchung
**boer** Bauer
**bomma/bompa** Oma/Opa
**bonnetje** Geldbuße; Quittung
**boodschap** Botschaft; Nachricht
**boom** Baum
**boos** böse; wütend
**bord** Teller; Hinweisschild
**borst** Brust
**bos** Wald
**bot** Knochen
**botsing** Unfall; Zusammenstoß
**botten** Stiefel
**bougie** Zündkerze
**bout** Knochen; Bein; Haxe
**bouw** Bau
**bouwen** bauen
**boven** oben; über
**bovendien** darüber hinaus
**bracelette** Armreif
**braden** braten
**braken** kotzen
**branden** brennen
**brandweer** Feuerwehr
**brasserie** Café
**breed** breit; weit
**brein** Gehirn
**breken** brechen (kaputt)
**brengen** bringen
**briefke** Geldschein
**brievenbus** Briefkasten
**bril** Brille
**briquet** Feuerzeug
**brocante(ur)** Antiquität(laden)
**brochet** Spieß
**broek** Hose
**broer** Bruder

**bron** Brunnen
**brouwen** brauen (Bier)
**brug** Brücke
**bruin** braun
**BTW** Mehrwertsteuer
**buigen** biegen
**buik** Bauch
**buil** Beule
**buiten** draußen; hinaus; außer
**buiten westen** bewusstlos
**buitenlander** Ausländer
**buitenlands** ausländisch
**buitenspel** Abseits
**bumper** Stoßstange
**burcht** Burg
**bureau** Arbeitszimmer
**bureel** Schreibtisch
**buskot** Bushäuschen
**buur** Nachbar
**buurt, in de** in der Nähe

## C

**cadeau** Geschenk
**camion** LKW
**campeerterrein** Camping
**camperen** campen
**capeau** Motorhaube
**ceintuur** Gürtel
**chauffage** Heizung
**chemist** Chemiker
**christelijk** christlich
**cijfer** Note (Schule)
**cinema** Kino
**coiffeur** Frisör
**col** Kragen
**colier** Halskette
**colle** Klebstoff
**collega** Kollege
**college** Schule
**commerçant** Händler
**compagnie** Gruppe
**compensatie** Entschädigung
**complet** Kostüm
**congé** freier Tag
**constipatie** Verstopfung
**contant** bar
**content** zufrieden
**conversatie** Unterhaltung
**couchette** Schlafwagen
**coureur** Rennradfahrer
**couturier** Designer
**cravatte** Kravatte
**crayon** Bleistift; Buntstift
**curieus** neugierig

## D

**d'accord** einverstanden
**daar** da; dort
**dag** Tag
**dagelijks** täglich
**daim** Wildleder
**dak** Dach
**dal** Tal
**dames** Damen
**damp** Dampf
**dan** als (Vergleich); dann
**danscafé** Tanzkneipe
**dansen** tanzen
**danser(es)** Tänzer(in)
**dat** dass
**dedju** verdammt
**deftig** deftig
**dégoutant** ekelig
**dek** Deck
**deken** Bettdecke
**delen** teilen
**demarreur** Anlasser
**dentiste** Zahnarzt
**depanneren** abschleppen (Auto)
**derangeren** stören
**desgevallend** falls nötig
**deugd** Genuss
**deur** Tür
**dezelfde** derselbe
**diaree** Durchfall
**dichtbij** nah
**diefstal** Diebstahl
**dienstregeling** Fahrplan
**diep** tief
**dier(enarts)** Tier(arzt)
**difficile** schwierig
**dik** dick
**dikwijls** oft
**dit** dies
**dochter** Tochter
**doden** töten
**doen** tun
**dom** dumm
**donder** Donner
**donker** dunkel
**dood** Tod; tot
**doof** taub
**doopsuiker** Taufbonbons
**door** hindurch; weg; durch
**doorbakken** durchgebraten
**doorgaan** weitergehen
**doorgaand verkeer** Durchgangsverkehr
**doorn** Dorn
**doos** Karton; Schachtel
**dop** Arbeitslosengeld
**dorp** Dorf
**dorst** Durst
**douane** Zoll
**douche(n)** Dusche (duschen)
**draad** Kabel; Schnur
**draaien** drehen; spielen
**dragen** tragen
**drank** Getränk; Alkohol
**drempel** Verkehrsplateau
**drijven** treiben
**drinken** trinken
**drinkgeld** Trinkgeld
**droog** trocken

**droogkuis** Reinigung
**droogzwierder** Trockner
**druk** Druck
**dubbelbed** Doppelbett
**duiken** tauchen
**duim** Daumen
**duin** Düne
**dun** dünn
**duren** dauern
**durven** sich trauen
**duur** teuer
**duwen** drücken (Tür)
**dwingen** zwingen

## E

**échappement** Auspuff
**echter** hingegen
**echtgenoot/e** Ehemann/-frau
**eender** egal
**éénpersoonsbed** Einzelbett
**eenrichting** Einbahn
**eens** einmal
**eentje, op zijn** allein
**eerder** früher; recht
**eetzaal** Speisesaal
**eeuw** Jahrhundert
**effen** unifarben; eben; quitt
**efkes** eben; einen Moment
**eigenaar** Besitzer
**eigendom** Eigentum
**eigenlijk** eigentlich
**eiland** Insel
**eind(e)** End(e)
**eindejaarsfeest** Sylvester
**eisen** fordern; Forderung
**èkes** igitt
**elk(e/n)** jede
**elkaar** einander
**elkeen** jeder/s (Ding)
**elleboog** Ellbogen
**emballeren** verpacken
**en** und
**enfin** also
**Engeland** England
**Engels** englisch
**Engelse** Engländer
**enig** einmalig
**enige** einzige(r/s)
**enigzins** einigermaßen
**enkel** Knöchel; nur; einfach
**enkele(n)** einige
**entree** Eintritt; Vorspeise
**entreprenneur** Unternehmer
**entreprise** Unternehmen
**envelope** Umschlag
**enzoverder** und so weiter
**er** da
**erdoor zijn** bestanden haben
**erg** schlimm; sehr
**erreur** Fehler
**escalateur** Rolltreppe
**étalage** Schaufenster
**eten** essen; Essen
**etter** Eiter
**evenement** Ereignis
**evenwicht** Gleichgewicht
**explicatie** Erklärung
**expliqueren** erklären

## F

**fabriceren** herstellen
**failliet gaan** Bankrott gehen
**faillissement** Bankrott
**fakteur** Postbote
**faling** Bankrott
**familielid** Familienmitglied
**favoriete** liebste
**feest** Party
**feestdag** Feiertag
**fel** sehr
**feliciteren** gratulieren
**fier** stolz
**fiets (rijden)** Fahrrad (fahren)
**fietsen** Fahrrad fahren
**file** Stau
**flauw** fad; bewusstlos
**fles(ke)** Flasche
**flik** Polizist
**flits** Blitzgerät
**fluisteren** flüstern
**fluiten** pfeifen
**folder** Prospekt
**formulier** Formular
**fototoestel** Fotoapparat
**fout** Fehler; Schuld; falsch
**frak** Mantel; Jacke
**Frans** französisch
**Franse** Französin
**Fransman** Franzose
**frein** Bremse
**frigo** Kühlschrank
**fris** frisch
**fuif** Party

## G

**gaan** gehen
**gaar** gar
**galerij** Galerie
**gans** ganz; Gans
**gapen** gähnen
**garçon** Kellner/in
**gastenkamer** Pension
**gastheer/-vrouw** Gastgeber/-in
**gat** Loch
**gauw** schnell; bald
**gazet** Zeitung
**gebak** Gebäck
**gebakken** gebacken
**gebeuren** passieren
**gebouw** Gebäude
**gebroken** kaputt
**gebruiken** gebrauchen; nutzen
**gebuur** Nachbar

**gedaan** vorbei; zu Ende
**gedacht** Idee
**geel** gelb
**geen** kein
**geflambeerd** flambiert
**gehandicapt** behindert
**geheel** gesamt
**gekend** bekannt
**gekookt** gekocht
**gekwetst** verletzt
**gelden** gelten
**geldig** gültig
**gelijk** egal
**gelijken** ähnlich sehen
**gelijkvloers** Erdgeschoss
**geloof** Glaube
**geloven** glauben
**geluk** Glück
**gelukkig** glücklich
**gemakkelijk** bequem; leicht
**gemiddelde** Durchschnitt
**genezen** heilen
**genieten** genießen
**genoeg** genug
**gepast** passend
**geraken** hinkommen; werden
**gerecht** Gericht
**gereed** fertig
**gereserveerd** reserviert
**gerief** Sache
**gerimpelt** verschrumpelt
**gerookt** geräuchert
**gerust** in Ruhe
**gescheiden** geschieden
**geschiedenis** Geschichte
**gesloten** geschlossen
**getal** Zahl
**getrouwd** verheiratet
**geur** Geruch
**gevaar; -lijk** Gefahr; gefährlich
**gevangenis** Gefängnis
**gevel** Giebel
**geven** geben
**gevoel** Gefühl
**gevolg** Folge
**gevuld** gefüllt
**gewicht** Gewicht
**gewonde** Verletzte(r)
**gewoon** einfach; gewöhnen
**gezellig** gemütlich
**gezelschap** Gesellschaft
**gezicht** Gesicht
**gezondheid** Gesundheit
**gids** Führer
**gieten** gießen
**gilet** Weste
**gillette** Rasierklinge
**ginder** da; dort
**gisteren** gestern
**glad** rutschig; glatt
**gleiden** rutschen
**goal** Tor
**gobelin** Wandteppich
**god** Gott
**godver(domme)** Mist
**goed** gut
**goedkoop** billig; preiswert
**goesting** Lust
**golf** Welle; Golf
**goot** Abfluss
**gordijn** Gardine
**goud** Gold
**graad** Grad
**graag (zien)** gern (haben)
**grap** Scherz
**graven** graben
**grens** Grenze
**grijpen** greifen
**grijs** grau
**groeien** wachsen
**groen** grün
**groenteboer** Gemüsehändler
**groep** Gruppe
**grond** Boden
**groot** groß
**grootouders** Großeltern
**grot** Höhle

## H

**haak** Haken
**haardroger** Fön
**haast(en)** Eile (haben)
**haat** Hass
**halen** holen
**half** halb
**hamer** Hammer
**handdoek** Handtuch
**handelen** feilschen; handeln
**handteken** Unterschrift
**hangen** hängen
**hanger** Anhänger (Schmuck)
**hard** fest; hart
**hart** Herz
**haten** hassen
**haven** Hafen
**hé** nicht wahr?
**hebben** haben
**heel** ganz; sehr
**heen** hin
**heer** Mann
**heerlijk** wunderbar
**heet** heiß
**heffen** heben
**heilig** heilig
**helder** hell; klar
**helemaal** vollkommen
**helft** Hälfte; Halbzeit
**helpen** helfen
**hengel** Angel
**heren** Herren
**herfst** Herbst
**hert** Reh
**herhalen** wiederholen
**herinneren** erinnern
**herstellen** reparieren

# Wortliste Deutsch – Flämisch

**heten** heißen
**hetzelfde** dasselbe
**heup** Hüfte
**heuvel** Hügel
**hiel** Ferse
**hiervoor** hierfür
**hoek(schop)** Ecke(stoß)
**hoer** Hure
**hoest** Husten
**hoewel** obwohl
**hoeve** Bauernhof; Gehöft
**hoeveel** wie viel
**hof** Garten
**hogeschool** Hochschule
**homofiel** schwul; Schwuler
**honger** Hunger
**hoofd** Kopf; Haupt-
**hoog** hoch
**hoogte** Höhe
**hooi(koorts)** Heu(schnupfen)
**hopen** hoffen
**horen** hören
**horloge** Armbanduhr
**houden** behalten; festhalten
**hout** Holz
**huis** Haus
**huisgenoot/-e** Mitbewohner/-in
**hulp** Hilfe
**huren** mieten
**huwelijk** Heirat; Hochzeit

## I

**identiteitskaart** Ausweis
**ieder(e/n)** jede
**iedereen** alle; jeder
**iemand** jemand
**ietske** ein bisschen; etwas
**ijskast** Kühlschrank
**ijzer** Eisen
**impermeabel** Regenjacke
**inbegrepen** inklusive
**inbreken** einbrechen
**inderdaad** tatsächlich
**indien** falls
**indruk** Eindruck
**ingaan** hinein gehen
**ingang** Eingang; Eintritt
**ingewikkeld** kompliziert
**inhaken** auflegen (Telefon)
**inhamming** Bucht
**inkomen** Einkommen
**inlichting** Auskunft; Information
**inoxidabel** rostfrei
**inpakken** einwickeln
**inrichten** einrichten
**inspannen, zich** sich bemühen
**instappen** einsteigen
**insteken** hineinstecken
**intoetsen** eingeben
**invoeren** einführen (Karte)
**invullen** ausfüllen
**inwoner** Einwohner

## J

**jaar(tijd)** Jahr(eszeit)
**jaarlijks** jährlich
**jawel** wohl; doch
**jeanet** Schwuler
**jeugdherberg** Jugendherberge
**jeuken** jucken
**jong** jung
**jongen** Kerl
**juffrouw** Kellnerin
**juge** Richter
**juist** genau; richtig; eben
**jurk** Kleid

## K

**kaak** Kiefer; Wange
**kaart** Karte; Speisekarte
**kaas** Käse
**kaatsen** Ballspiel (belgisch)
**kader** Rahmen
**kamer** Raum; Zimmer
**kan** Kanne
**kanker** Krebs (Krankheit)
**kans** Chance; Gelegenheit
**kant** Seite; Spitzenstoff
**kantelen** umkippen
**kantoor** Büro
**kapel** Kapelle
**kapot** kaputt
**kappen** hacken
**kapper/kapsalon** Frisör
**kapstok** Kleiderbügel
**kar** Einkaufswagen
**kassei** Kopfsteinpflaster
**kassierster** Kassiererin
**kast** Schrank
**kasteel** Schloss
**katholiek** katholisch
**katoen** Baumwolle
**kauwen** kauen
**keel** Kehle; Hals
**keeper** Torwart
**keer** Mal
**kelder** Keller
**kennis** Bekannte(r)
**kennis hebben** zusammen sein
**kering** Wende
**kerk; -hof** Kirche; Friedhof
**kerst(mis)** Weihnachten
**ketting** Kette
**keuken** Küche
**keuze** Wahl
**kieken** Hühnchen
**kiezen** aussuchen; wählen
**kijken** gucken; schauen
**kind(eren)** Kind(er)
**kinesist** Physiotherapeut
**klaar** fertig
**klappen** klatschen; quatschen
**klas** Schulklasse

**kleedhokje** Umkleidekabine
**kledij/kleding/kleren** Kleidung
**kleermaker** Schneider
**klemmen** einklemmen
**kleur** Farbe
**kleutertuin** Kindergarten
**kleven** kleben
**klever** Aufkleber
**klimaat** Klima
**klimmen** klettern
**klinken** klingen
**klok** Uhr(werk)
**kloof** Schlucht
**kloppen** klopfen
**kluis** Schließfach
**knalpot** Auspuff
**knap** gutaussehend; schön
**knellen** einklemmen
**kneuzing** Prellung
**knijpen** kneifen
**koel** kühl
**koelkast** Kühlschrank
**koer** Innenhof
**koers** Radrennen
**koets** Kutsche
**kok** Koch
**koken** kochen
**kom** Schale; Schüssel
**komen** kommen
**koning(in)** König(in)
**koninklijk** königlich
**kont** Hintern
**kool** Kohl; Kohle
**koorts** Fieber
**kop** Kopf
**kopen** kaufen
**koper** Kupfer
**koplamp** Scheinwerfer
**koppel** Paar (Menschen)
**koppeling** Kupplung
**korf** Korb
**korst** Schale; Rinde
**kort** kurz
**korting** Rabatt
**kostelijk** teuer
**kostuum** Kostüm
**kot** Häuschen
**koud** kalt
**kousen** Strümpfe; Strumphose
**kozijn** Cousin
**kraag** Kragen
**kraam** Stand
**krabben** kratzen
**krachtig** kräftig
**kramp** Krampf
**krant** Zeitung
**krijgen** bekommen; erhalten
**krijt** Kreide
**krik** Wagenheber
**krokusvakantie** Frühlingsferien
**kruiden** Kräuter
**kruidtuin** Botanischer Garten
**kruipen** kriechen
**kruis(kop)** Kreuz(schlitz)
**kuisen** reinigen
**kunnen** können
**kunstenaar/-es** Künstler/-in
**kurkentrekker** Korkenzieher
**kussen** Kopfkissen; küssen
**kust** Küste
**kwaad** böse; wütend
**kwaliteit** Qualität
**kwart(ier)** Viertel(stunde)
**kweken** züchten
**kwestie** Frage
**kwetsuur** Verletzung; Wunde
**kwijt** weg; verloren
**kwijt raken/spelen** verlieren

## L

**laag** niedrig; Schicht
**laarzen** Stiefel
**laat** spät
**laatste** letzte; Schluss-
**laf** fad
**lamp** Lampe
**landbouw** Landwirtschaft
**landschap** Landschaft
**langs** durch; via; am ... entlang
**last hebben** schwierig finden
**lat** Riegel; Stück
**laten** lassen
**lauw** lau(warm)
**lavabo** Waschbecken
**leeg** leer
**leer** Leder
**leeraar; leerares** Lehrer; -in
**leerling** Schüler(in)
**leger** Armee
**leggen** legen
**leiden** führen; leiten
**leiding** Führung
**lelijk** hässlich
**lens** Linse (optisch)
**lente** Frühling
**leren** lernen
**les** Unterricht
**letter** Buchstabe
**leuk vinden** gefallen
**leunen** lehnen
**leven** Leben; leben
**lever** Leber
**leveren** liefern
**lezen** lesen
**lichaam** Körper
**licht** hell; leicht; Licht
**lichten** Ampel
**lid** Mitglied
**liedje** Lied
**lief** intimer Freund(in) ; niedlich
**liefde** Liebe
**liefst** am liebsten
**liegen** lügen
**liever** lieber
**lijf** Leib

**liggen** liegen
**ligstoel** Liegestuhl
**lijm** Klebstoff; Leim
**lijn** Linie
**lijst** Liste
**linksaf** links ab
**linnen** Leinen
**lip** Lippe
**living** Wohnzimmer
**loket** Verkaufsschalter
**longen** Lunge
**lood** Blei
**look** Knoblauch
**loon** Gehalt; Lohn
**loopgraf** Laufgraben
**lopen** rennen; laufen
**LPG** Gas für's Auto
**los** lose
**lucht** Luft
**lui** faul; träge; Leute
**luid** laut
**luier** Windel
**luisteren** zuhören
**lul** Arschloch

## M

**maag** Magen
**maal, een** einmal
**maan** Mond
**maand** Monat
**maandverband** Binde
**maar** aber
**maat** Größe; Kumpel
**maatschapelijk** Sozial-
**maatschapij** Gesellschaft
**machine** Maschine
**madam** Frau
**maken** machen
**malheur** Missgeschick
**man** Mann
**manier** Weise
**mankeren** fehlen
**marcheren** funktionieren
**matras** Matraze
**mauve** voilet
**medicijn** Medizin
**mee** dabei; mit
**meer** mehr; See; über
**meerdere** mehrere
**meestal** meist
**meeste** meiste
**meester(es)** Lehrer(in)
**meiske** Mädchen
**mekaar** einander
**men** man
**menage** Haushalt
**meneer** Mann
**meneren** leiten (Spitze)
**mengeling** Gemisch
**mengen** mischen
**menig** manch
**mening** Meinung
**menu** Menü
**merk** Marke
**mes** Messer
**met** mit
**meten** messen
**meubel** Möbel
**mevrouw** Frau
**microbe** Bakterie; Virus
**microgolf** Microwelle
**middag(eten)** Mittag(essen)
**middel** mittel
**middeleeuwen** Mittelalter
**midden** Mitte
**mijden** vermeiden
**mijn** Mine
**milicien** Soldat
**milieu** Umwelt
**miljaar(dedju)** verdammt
**minderen** verringern
**mindervalide** behindert
**minuut** Minute
**mis zijn** irren; Unrecht haben
**misschien** vielleicht
**missen** verpassen; vermissen
**mist** Nebel
**mo** merkwürdig!
**mobilette** Mofa
**moe** müde
**moeder/moeke** Mutter
**moeilijk** schwierig
**moeite (doen)** Mühe (geben)
**moeten** müssen; sollen
**mogelijk** möglich
**mogen** mögen; dürfen
**molen** Mühle
**momenteel** im Moment
**mond** Mund
**mooi** schön
**moto** Motorrad
**motregen** Nieselregen
**moustache** Schnurrbart
**mouw** Ärmel
**munt** Münze
**muts** Mütze
**muur** Wand; Mauer
**muziek** Musik

## N

**na** über (zeitlich); nach
**naakt** nackt
**naald** Nadel
**naam** Name
**naar** nach; zu (örtlich)
**naast** außer; neben
**nadat** nachdem
**nadien** danach
**naft** Benzin
**nagerecht** Nachspeise
**namiddag** Nachmittag
**nat** nass
**natuur** Natur
**natuurkunde** Physik

**natuurlijk** natürlich
**nederlaag** Niederlage
**neef** Neffe
**neerzitten** hinsetzen
**nek** Nacken
**nemen** nehmen
**nergens** nirgendwo/-hin
**nestels** Schnürsenkel
**neus** Nase
**nevel** Nebel
**nicht** Cousine
**nier** Niere
**niet (enkel)** nicht (einmal)
**niets** nichts
**niettegenstaande** trotzdem
**nieuw** neu
**nieuwjaar** Neues Jahr
**nieuwkuis** Reinigung
**nieuws** Nachricht
**niks** nichts
**(noch ...) noch** (weder ...) noch
**nodig** notwendig
**nodig hebben** brauchen
**noemen** heißen; nennen
**nog** noch
**nogal** einigermaßen
**non** Nonne
**nondedju** verdammt
**nonkel** Onkel
**nood** Not
**nooit** nie
**noordelijk** nördlich
**noteren** notieren; aufschreiben
**nu** jetzt
**nuttig** nützlich

## O

**ochiere** Ach herrje!
**oefenen** üben
**oei** herrje
**(of ...) of** (entweder) oder; ob
**oké** o. k.
**olie** Öl
**O.L.H.** Gott; Jesus
**O.L.V.** Maria
**om (te)** um (zu)
**omarmen** umarmen
**omdat** da; weil
**omheining** Zaun
**omhoog; -laag** hinauf; hinunter
**omleiding** Umleitung
**omslaan** umknicken (Fuß)
**omslag** Umschlag
**omweg** Umweg
**onbekend** fremd
**onbeperkt** unbegrenzt
**onder** unten; unter
**ondervinden** erfahren
**onderwijs** Erziehung
**onderwijzen** unterrichten
**onderzoeken** untersuchen
**onecht** unecht
**ongekend** unbekannt
**ongeval** Unfall
**onlangs** kürzlich
**onmogelijk** unmöglich
**onnozel** verrückt
**onnozelaar** Idiot
**ontbijt(en)** Frühstück (essen)
**ontgoochelt** enttäuscht
**onthaal** Empfang
**onthalen** empfangen (Person)
**onthouden** sich merken
**ontlenen** ausleihen
**ontmoeten** treffen
**ontwaarden** entwerten (Ticket)
**ontwerper** Designer
**ontzettend** furchtbar
**onweer** Gewitter
**oog** Auge
**ooit** jemals
**ook** auch
**oom** Onkel
**oor(bel/ring)** Ohr(ring)
**oorlog** Krieg
**oostelijk** östlich
**op** auf; an
**opbewaren** aufbewahren
**opblaasbaar** aufblasbar
**opdienen** servieren
**open(en)** offen (machen)
**opening(suren)** Öffnung(szeiten)
**openlucht** Freiluft
**operatie** Operation
**opgelet!** Achtung
**ophouden** aufhören
**ophouden, zich** sich aufhalten
**opklaren** aufklaren
**oplossing** Lösung
**opmerken** merken; auffallen
**opnieuw** wieder; noch einmal
**oppassen** achten auf
**oppervlakte** Oberfläche
**oppikken** aufheben
**opplooien** falten
**opruiming** Räumungsverkauf
**opsluiten** einsperren
**opstaan** aufstehen
**opticien** Optiker
**optocht** Parade
**opvoeding** Erziehung
**opwarmen** aufwärmen
**oranje** orange
**oud** alt
**ouderdom** Alter
**ouders** Eltern
**oven** Ofen
**over** über; übrig
**overstappen** umsteigen
**oversteken** überqueren
**overstroming** Flut
**overval** Überfall
**overwinning** Sieg

## P

**paard** Pferd
**paars** lila
**pad** Pfad
**pak(je/ske)** Päckchen
**pakken** nehmen; trinken
**paleis** Palast
**papieren** Papiere
**paraplu** Regenschirm
**parasol** Sonnenschirm
**parkeren** parken
**parkeerschijf** Parkscheibe
**parking** Parkplatz
**partij** Partei
**pas** nur; erst
**Pasen** Ostern
**paspoort** Pass
**passen** passen; anprobieren; Ball angeben
**passeren** vorbeigehen
**patisserie** Bäcker(ei)
**patroon** Chef
**paus** Papst
**pauze** Pause
**pech** Autopanne
**pechstrook** Seitenstreifen
**pees** Sehne
**peinzen** denken; meinen
**pensioen** Rente
**permiteren** erlauben
**perron** Bahnsteig
**persoonlijk** persönlich
**pet** Kappe; Mütze
**piekuur** Spritze
**pijn (doen)** Schmerz (bereiten)
**pijp** Pfeife
**pil** Batterie; Pille
**pincet** Pinzette
**Pinksteren** Pfingsten
**plaat** Schallplatte
**plaats** Ort; Stelle; Platz
**plaats, in de** stattdessen
**plaffetuur** Jalousie
**plafond** Zimmerdecke
**plakband** Klebeband
**plakerig** klebrig
**plakker** Aufkleber
**plan zijn, van** vorhaben
**plankzeilen** windsurfen
**plannen** planen
**plant** Pflanze
**plastron** Kravatte
**plat** eben; flach; Platte; Platten
**plattegrond** Plan
**plein** Platz
**pleister** Pflaster
**plek** Fleck
**plezant** gemütlich; nett
**plezier** Spaß; Vergnügen
**plots** plötzlich
**pluim** Feder
**poeder** Pulver
**politie** Polizei
**politieagent** Polizist
**politiek(er)** Politik(er)
**pols** Handgelenk
**pomp** Pumpe
**pompstation** Tankstelle
**poort** Tor; Pforte
**populair** beliebt
**porselein** Porzellan
**portie** Portion
**postbode** Postbote
**postcode** Postleitzahl
**postzegel** Briefmarke
**pot** Topf; Lesbe
**potlood** Bleistift
**potverdikke** verdammt
**precies** genau (Adverb)
**presseert, het** es ist dringend
**prettig** angenehm; schön
**prijs** Preis
**prins(es)** Prinz(essin)
**printen** drucken
**prioritaire** schnelle Post
**prise** Steckdose
**privé** privat
**proberen** probieren; versuchen
**proef** Prüfung
**proeven** probieren (Geschmack)
**proficiat** gratuliere
**proper** sauber
**protokol** Geldbuße
**provincie** Provinz
**pull** Pullover
**punt** Punkt (Sport; Uni)
**put** Pfütze
**puur** zartbitter; pur

## R

**raar** merkwürdig; selten
**raden** raten
**radiateur** Kühler
**raket** Schläger
**rap** schnell; bald
**receptie** Rezeption
**recht** gerade; vertikal
**rechtdoor** geradeaus
**rechten** Jura
**rechter** Richter
**rechtover** gegenüber
**rechtsaf** rechts ab
**rechtstreeks** direkt
**recommandé** Einschreiben
**redden** retten
**reden** Grund
**ree** Reh
**reeks** Serie (TV)
**reep(ke)** Stück; Riegel
**regelmatig** regelmäßig
**regenboog** Regenbogen
**regenjas** Regenjacke
**regime** Diät
**reien** Grachten

**reis** Reise
**reizen** reisen
**rek** Regal
**rekenen** rechnen
**rekening** Rechnung
**rekverband** Bandage
**religie** Religion
**rem** Bremse
**retour** Rückfahrt
**reusachtig** riesig
**riem** Gürtel
**rietje** Strohhalm
**rij** Reihe
**rijbewijs** Führerschein
**rijden** fahren (Fahrzeug)
**rijk** reich
**rijkswacht** Polizei
**rijp** reif
**rijst** Reis
**rijstrook** Fahrbahn
**rijtuig** Fahrzeug
**rivier** Fluss
**roeien** rudern
**roepen** rufen
**roestvrij** rostfrei
**roken** rauchen
**rol(leke)** Rolle
**rolltrap** Rolltreppe
**rond** rund
**rondrit** Rundfahrt
**rood** rot
**rook** Rauch
**rose** rosa
**rubber** Gummi
**rug** Rücken
**ruiken** riechen
**ruilen** tauschen
**ruimte** Platz
**ruitenwisser** Scheibenwischer
**rust(dag)** Ruhe(tag)
**rustig** ruhig
**ruw** grob

## S

**sacoche** Handtasche
**saignant** innen blutig (Fleisch)
**salut** Tschüss
**samen** zusammen
**sap** Saft
**saus** Soße
**schaar** Schere
**schaduw** Schatten
**schakelaar** Schalter
**schakelen** schalten
**scheerzeep** Rasierseife
**scheidsrechter** Schiedsrichter
**scheikunde** Chemie
**schel(leke)** Scheibe
**scherp** scharf (Messer)
**schieten** schießen
**schijnen** leuchten; scheinen
**schilderaar** Maler
**schilderen** malen
**schilderij** Gemälde
**schillen** schälen
**schip** Schiff
**schoen** Schuh
**schokdemper** Stoßdämpfer
**school** Schule
**schoon** gutaussehend; schön; Schwieger-; Schwäger-
**schoonheid** Schönheit
**schors** Baumrinde
**schouder** Schulter
**schouwburg** Theater
**schrijven** schreiben
**schrijver** Autor
**schrik hebben** Angst haben
**schuif** Schublade
**schuin** schräg
**schuiven** schieben
**schup** Schaufel
**scout** Pfadfinder
**secretaresse** Sekretärin
**sedert** seit
**seffens** bald; gleich; sofort
**servies** Geschirr
**seute** Blöde Kuh
**shotten** schießen (Ball)
**sigaret** Zigarette
**sjaal** Schal
**slaan** schlagen
**slaapkamer** Schlafzimmer
**slaapwagen** Schlafwagen
**slaapzak** Schlafsack
**slachtoffer** Opfer
**slagerij** Metzgerei
**slank** schlank; dünn
**slapen** schlafen
**slecht** schlecht
**slechts** erst; nur
**sleepkabel** Abschleppseil
**slet** Schlampe
**sleutel/sleuter** Schlüssel
**slokken** schlucken
**sloop** Wäschebezug
**slot** Schloss *Schlüssel*
**sluiten** schließen
**smaak** Geschmack
**smaken** probieren; schmecken
**smal** eng; schmal
**smeerlap** Schwein; Arschloch
**smeren** schmieren
**smid** Schmied
**smijten** werfen
**smoren** rauchen
**snee(ke)** Scheibe
**sneeuw; -en** Schnee; schneien
**snel** schnell (Tempo)
**snelheid** Geschwindigkeit
**snijden** schneiden
**snor** Schnurrbart
**solden** Ausverkauf
**som** Summe
**sommige** manch
**soms** manchmal

**somtijds** manchmal
**soort** Art
**soutien** BH
**spaak** Speiche
**specerij** Gewürz
**speelgoed** Spielzeug
**speeltuin** Spielplatz
**spel; -en** Spiel; spielen
**spellen** buchstabieren
**spier** Muskel
**spijt mij, het** es tut mir Leid
**spijtig** Schade
**spiraaltje** Spirale
**spits** Stürmer
**splitsing** Kreuzung
**spoor** Spur
**sprei** Wolldecke
**spreken** sprechen
**sprietje** Strohhalm
**spuiten** spritzen
**staan** stehen
**staart** Schwanz
**stad(huis)** Stadt(haus)
**stage** Praktikum
**stal** Stand
**stampen** treten; stampfen
**standbeeld** Statue
**starter** Anlasser
**startkabels** Startkabel
**station** Bahnhof; Station
**stationeerverbod** Halteverbot
**steeds** immer
**steek** Stich
**steen** Stein
**steken** stechen; stecken
**stekjes** Streichhölzer
**stem** Stimme
**ster** Stern
**sterk** stark
**sterven** sterben
**sticker** Aufkleber
**stijf** sehr
**stijgen** steigen
**stijger** Steg
**stijl** steil; Stil
**stil vallen** stehen bleiben
**stilleggen** ausmachen
**stillekes aan** so langsam mal
**stinken** stinken
**stipt** genau; pünktlich
**stoel** Stuhl
**stof** Stoff; Staub
**stok** Stock
**stoof** Herd
**stopcontact** Steckdose
**storen** stören
**stortbad** Dusche
**stoten** stoßen
**straal** Strahl
**straat** Straße
**straf** Strafe
**streek** Gebiet; Gegend
**strelen** streicheln
**strijken** bügeln
**strip(verhaal)** Comic
**stroming** Strömung
**stropdas** Kravatte
**studies** Studium
**stuk(ske)** Stück
**sturen** schicken
**stuur** Lenkrad
**stylo** Kugelschreiber
**subiet** bald; gleich
**succes** Erfolg
**suggestie** Empfehlung
**supporter** Fan
**surfplank** Surfbrett

## T

**taai** zäh
**taal** Sprache
**tafelkleed** Tischdecke
**taille** Taille
**takelwagen** Abschleppwagen
**taks** Steuer
**talrijk** zahlreich
**tand(arts)** Zahn(arzt)
**tandenborstel** Zahnbürste
**tandpasta** Zahnpasta
**tang** Zange
**tapijt** Teppich
**tas** Tasche; Tasse
**tateren** quatschen
**TD** Studentenfete
**te** zu (sehr); (um) zu
**teder** zart
**teen** Zeh
**tegen** gegen
**teken** Zeichen
**tekenen** unterschreiben
**tekenaar** Zeichner
**tekening** Zeichnung
**telefoneren** telefonieren
**telefoonkaart** Telefonkarte
**telefoontje** Anruf
**telkens** immer wenn
**tellen** zähl
**tellor** Teller
**tent** Zelt
**tentoonstelling** Ausstellung
**tenzij** außer; es sei denn
**terrein** Gebiet; Feld
**terug** nochmal; wieder; zurück
**teruggeven** zurückgeben
**thans** hingegen
**thee** Tee
**thesis** Diplomarbeit
**thuis** Zuhause
**tiens** schau an!
**tijd** Zeit
**tirette** Reißverschluss
**toch** doch
**tocht** Tour
**toekomen** ankommen
**toelating** Erlaubnis

**toeme toch** verdammt
**toen** als; damals
**toer, het is mijn** dran sein
**toestemmen** zustimmen
**toevallig** zufällig
**tof** nett; gut; gemütlich
**toilet papier** Toilettenpapier
**tolk** Dolmetscher(in)
**toneelstuk** Theaterstück
**tonen** zeigen
**tong** Zunge; Seezunge
**toren** Turm
**tot** bis
**total** gesamt
**tourisme** Tourismus
**tournavis** Schraubenzieher
**touw** Seil
**trachten** versuchen
**traditie** Tradition
**traiteur** Delikatessengeschäft
**trakteren** einen ausgeben
**tram** Straßenbahn
**trap** Treppe
**trede** Stufe
**treden** treten
**trein** Zug
**trekken** ziehen
**triest** traurig
**trouw** Heirat; Hochzeit
**trouwen** heiraten
**tube(ke)** Tube
**tuin** Garten
**tussen** zwischen
**tut(ter)** Schnuller
**tweedehands** Second-hand
**tweeën** zweit
**tweetjes** zweit

## U

**uit** aus
**uiteindelijk** schließlich
**uitermate** äußerst
**uiterst** äußerst
**uitgang** Ausgang
**uitgesloten** vom Feld verwiesen
**uitgezonderd** ausgenommen
**uitkering** Arbeitslosengeld
**uitkleden** ausziehen
**uitleggen** erklären
**uitnodigen** einladen
**uitrit** Ausfahrt
**uitslag** Ausschlag
**uitverkocht** ausverkauft
**uitvlucht** Ausrede
**uitzicht** Aussicht
**unief** Universität
**urgent** dringend
**uur** Uhr; Uhrzeit; Stunde

## V

**vaak** oft
**vader(kesdag)** Vater(tag)
**vakantie** Ferien
**vakbond** Gewerkschaft
**valei** Tal
**valies** Koffer
**vallen** fallen
**valling** Erkältung
**van(af)** ab; von
**vandaag** heute
**vandaan** her
**vangen** fangen
**varen** fahren (Schiff)
**variatie** Variante
**vast** sicher
**vat** Fass; Gefäß
**vechten** kämpfen
**vechten** streiten
**veel** viel
**veilig** sicher; ungefährlich
**veiligheidsriem** Sicherheitsgurt
**vel(leke)** Haut
**veld** Feld
**velo (rijden)** Fahrrad (fahren)
**venster** Fenster
**vent** Typ; Kerl
**ver** weit (weg)
**verband** Zusammenhang
**verbazend** erstaunlich
**verbeelden** vorstellen (Geist)
**verboden** verboten
**verdediger** Verteidiger
**verdeler** Verteiler
**verdere** weitere
**verdiep** Stockwerk
**verdoeme** verdammt
**verdomme/verdorie** verflixt
**verdwijnen** verschwinden
**vergeten** vergessen
**vergif** Gift
**vergissen** irren
**vergissing** Fehler
**vergunning** Genehmigung
**verhaal** Geschichte; Erzählung
**verhuren** vermieten
**verhuur** Vermietung; Verleih
**verjaardag** Geburtstag
**verkeer** Verkehr
**verkeerd** falsch
**verkeersplateau** Verkehrshubbel
**verkiezingen** Wahl (politisch)
**verkopen** verkaufen
**verkop(st)er** Verkäufer(in)
**verkrachting** Vergewaltigung
**verkrijgbaar** erhältlich
**verlaten** verlassen
**verlengen** verlängern
**verliefd** verliebt
**verliezen** verlieren
**verlof** Urlaub
**verloofde** Verlobte(r)
**vermaaken** reparieren
**vermaard** bekannt
**veronderstellen** vorschlagen

**verontschuldigen** entschuldigen
**verpleeg(st)er** Krankenpfleger(in)
**vers** frisch
**verschieten** erschrecken
**verschillend** verschieden
**verslag uitbrengen** berichten
**versneling** Gang *Auto; Fahrrad*
**verspreken** versprechen
**verstaan** verstehen
**verstand** Verstand
**verstoken** verstaucht
**vertalen** übersetzen
**vertaal(st)er** Übersetzer(in)
**vertellen** erzählen
**vertoning** Aufführung
**vertraagd** zähfließend
**vertraging** Verspätung
**vertrek** Abreise
**vertrekken** abreisen
**vertrouwen** vertrauen
**vervangen** ersetzen
**vervellen** sich schälen
**vervoerbewijs** Fahrkarte
**verwachten** erwarten
**verwachting, in** schwanger
**verwijderen** entfernen
**verwisselen** wechseln
**verwittigen** informieren; warnen
**verzamelen** sammeln
**verzekering** Versicherung
**verzekerst** bestimmt
**verzoeken** bitten
**vest** Blazer
**vet** Fett; fett
**veters** Schnürsenkel
**vieren** feiern
**vies** schmutzig
**vinden** finden
**vinger** Finger
**vis(ser)** Fisch(er)
**vissen** fischen
**vlag** Flagge
**vlam** Flamme
**vlees** Fleisch
**vlek** Fleck
**vliegen** fliegen
**vliegtuig** Flugzeug
**vloed** Flut
**vloeien** fließen
**vloeistof** Flüssigkeit
**vlucht** Flug
**vochtig** feucht
**vod** Lappen
**voeden** füttern
**voeding** Essen; Lebensmittel
**voelen** fühlen
**voeren** jemanden fahren
**voet** Fuß
**voetbal(ist)** Fußball(er)
**voetganger** Fußgänger
**vol** voll
**voldoende** genug
**volgen** folgen
**volgende** nächste
**volgens** zufolge
**volk** Leute; Volk
**volstaan** genügen
**volwassen** erwachsen
**volzet** voll; besetzt
**voor** für; vor
**voor(dat)** bevor
**vooraad** Vorrat
**vooraan** vorne
**vooral** vor allem
**voorand, op** voraus
**voorbeeld** Beispiel
**voorbereiden** vorbereiten
**voordeel** Vorteil
**voordien** vorher
**voorgerecht** Vorspeise
**voorhoofd** Stirn
**voormiddag** Vormittag
**voortdoen** weitermachen
**voorts** weiterhin
**voortzetten** fortsetzen
**vooruit** vorwärts
**vorbijsteken** vorbeifahren
**voren** vorne
**vormen** bilden
**vorzicht** Vorsicht
**vraag** Frage
**vragen** fragen; verlangen
**vrede** Frieden
**vriend(in)** (gute) Freund(in)
**vriendelijk** freundlich
**vriendschap** Freundschaft
**vrij** frei; recht
**vrijen** mit jemandem schlafen
**vroeg** früh
**vrouw; -lijk** Frau; weiblich
**vruchten** Früchte
**vuil** Müll; schmutzig
**vuilbak** Mülleimer
**vuist** Faust
**vullen** füllen
**vulling** Füllung
**vuur** Feuer; Herd
**vuurwerk** Feuerwerk

## W

**Waal** Wallone
**Waals** Wallonisch
**Waalse** Wallonin
**waar** wahr; wo
**waard(evol)** wert(voll)
**waarde** Wert
**waardoor** wodurch
**waarschijnlijk** wahrscheinlich
**wachten** warten
**wakker** wach
**Wallonië** Wallonien
**wandelen** spazieren gehen
**wanneer** als; wann; wenn
**waren(huis)** Ware(nhaus)
**was** Wäsche; Wasch-

**washandje** Waschlappen
**wassen** waschen
**wat** etwas
**water** Wasser
**watergladheid** Aquaplanning
**waterkraan** Wasserhahn
**wedstrijd** Wettkampf
**weduwe** Witwe
**weduwnaar** Witwer
**week(end)** Woche(nde)
**weer** Wetter; wieder
**weeral** schon wieder
**weerlicht** Blitz (Natur)
**wegen** wiegen
**wegenwacht** Pannendienst
**wegslepen** abschleppen
**weinig** wenig
**wel** doch; wohl
**welgekomen** willkommen
**welicht** wohl
**welk** welch
**wenen** weinen
**wennen** gewöhnen
**wens; en** Wunsch; wünschen
**wereld** Welt
**werk; -en** Arbeit; arbeiten
**werkelijk** echt; wirklich
**werkloos zijn** arbeitslos sein
**westelijk** westlich
**wet** Gesetz; Recht
**weten** wissen
**wetenschaper** Wissenschaftler
**wiel** Rad
**wielersport** Radsport
**wijd** weit
**wijn(goed)** Wein(gut)
**wijsbegeerte** Philosophie
**wijzen** zeigen
**willen** wollen
**winkel; -en** Geschäft; einkaufen
**winkelwagen** Einkaufswagen
**winnen** gewinnen
**wiskunde** Mathematik
**wisselen** wechseln (Geld)
**wisselkantoor** Wechselstube
**wisselvallig** wechselhaft
**wit** weiß
**wol** Wolle
**wonen** wohnen
**woord** Wort
**woordenboek** Wörterbuch
**worden** werden
**wreed** sehr
**wrijven** reiben

## Z

**zaak** Geschäft; Sache
**zaal** Saal
**zacht** weich
**zadel** Sattel
**zagen** jammern
**zak(ske)** Tüte
**zakdoek** Taschentuch
**zaklamp** Taschenlampe
**zalf** Salbe
**zand** Sand
**zanger(es)** Sänger(in)
**zat** besoffen
**zee** Meer; die See
**zeevruchten** Meeresfrüchte
**zeezicht** Meeresblick
**zeep** Seife
**zeer** sehr
**zeeziek** seekrank
**zeg** Sag mal...? Mann!
**zegel** (Brief)Marke
**zeggen** sagen
**zeil;-en** Segel; segeln
**zeilwagen** Segelwagen
**zekerheid** Sicherheit
**zekering** Sicherung
**zelden** selten
**zelfs** selbst; sogar
**zelfstandig** selbstständig
**zetel** Sessel
**zetten** setzen; stellen
**zeuren** jammern
**ziek** krank
**ziekenhuis** Krankenhaus
**zien** sehen
**zijde** Seide
**zijn** sich aufhalten; sein
**zilver** Silber
**zin** Satz
**zingen** singen
**zitplaats** Sitz
**zitten** sitzen
**zo** so
**zo'n** solch ein
**zoeken** suchen
**zoektocht** Suche
**zoet** süß
**zomer** Sommer
**zon** Sonne
**zonder** ohne
**zone** Zone
**zonnenslag** Sonnenstich
**zoon** Sohn
**zorg** Sorge
**zot** verrückt
**zout** Salz
**zuidelijk** südlich
**zuiden** Süden
**zulk(e/n)** solch
**zullen** werden
**zus** Schwester
**zuur** sauer
**zwaar** schwer
**zwak** schwach
**zwanger** schwanger
**zwart** schwarz
**zwembad** Schwimmbad
**zwembroek** Badehose
**zwemmen** schwimmen
**zweten** schwitzen

## Die Autorin

Autorin vor dem Kasteel van Horst in Sint-Pieters-Rode

Elfi H. M. Gilissen, geb. 1969 mit westflämischem Blut mütterlicherseits und niederländisch-limburgischem Blut väterlicherseits, wuchs ab ihrem 6. Lebensjahr in Deutschland auf. Seit dem Jahr 2000 lebt sie wieder in den Niederlanden. Das alltägliche Leben in den Niederlanden hat ihr erst wieder bewusst gemacht, wie viel vertrauter ihr das Flämisch aus den Schulferien bei den flämischen Verwandten in der Kindheit und aus den flämischen Lieblingscomics ist. Was die Niederländer oft für eine wörtliche Übersetzung aus dem Deutschen halten, entpuppt sich oft einfach als Flämisch. Flämisch ist mehr als ein nur eine andere Mundart – es ist ein anderer Wortschatz, eine andere Kultur, eine andere Welt – nicht umsonst wurde aus einem Land zwei!

Weitere Kauderwelsch-Bände der Autorin sind Niederländisch Slang, German Slang (auf Englisch), Englisch für Australien, Australian Slang und Amerikanisch. Darüber hinaus sind bei Reise Know-How auch folgende Reisebücher von der Autorin erschienen: Sydney und seine Nationalparks, Kulturschock Australien, Australien: das Auswanderer-Handbuch und der Praxis-Führer Australiens Outback und Bush entdecken. Weitere Publikationen sind in Planung.